名师教学思想与教学艺术丛书

五过程学案式主体教学

——东联现代中学探索教学模式

秦智琳　韩宝铭　著

中国林业出版社

图书在版编目（CIP）数据

五过程学案式主体教学：东联现代中学探索教学模式/秦智琳，韩宝铭著．—北京：中国林业出版社，2010.6
（名师教学思想与教学艺术丛书/王增昌主编）
ISBN 978-7-5038-5837-6

Ⅰ.①五... Ⅱ.①秦... ②韩... Ⅲ.①课堂教学-教学研究-中学
Ⅳ.①G632.421

中国版本图书馆 CIP 数据核字（2010）第 082864 号

出版：中国林业出版社（100009 北京西城区刘海胡同 7 号）
E-mail：lucky70021@sina.com **电话**：010-83283569
发行：新华书店北京发行所
印刷：北京中科印刷有限公司
版次：2010 年 8 月第 1 版
印次：2010 年 8 月第 1 版第 1 次
开本：880mm×1230mm 1/32
印张：8.5
字数：200 千字
印数：3500 册
定价：25.00 元

《名师教学思想与教学艺术丛书》

编委会

《名师教学思想与教学艺术丛书》序

中国教育学会会长　顾明远

教学既是一种科学活动，又是一种艺术活动。科学讲究规则，艺术则讲究创造。教学需要遵循教学的规则，如要了解学生的年龄特征、知识基础、课程内容的重点和难点，但更重要的是要把这些因素之间的关系处理得当，而这些因素又是随时会变动的，所以教学要创造；创造并非不要规则，但更重要的是精神，科学和艺术都需要精神，教学也需要精神，教学的精神就体现在教育的理念中，体现在教师的观念和智慧中；科学是可以重复的，可以借用的，艺术是不能重复和借用的，需要自己去创造，就像艺术家作一幅画，哪里需要浓墨渲染，哪里只是轻描淡写，只有艺术家自己构思，自己运笔，别人是替代不了的。因此，作为一名教师，设计一堂好课首先要有正确的教育理念，不断钻研，不断琢磨，要因人因事因时而变，灵活运用各种教学方法，巧妙地运用自己的教学智慧。这就是创造，这就是教学艺术。

名师是一名教育家，也可以说是一名教育艺术家。名师的成功，得益于他们认真学习、钻研教育教学理论，并结合我国国情，不断探索教学规律，这就是他们的科学活动；名师的成功，还得益于他们不断总结反思、创造新的经验，也就是他们的艺术活动，因而取得了令人瞩目的成绩。在教学实践中，他们不但课上得好，受学生欢迎，而且有良好的教育素养和文化底蕴。他们在教学之余，善于总结，勤于写作，在教育界有一定名气。他们不断进取的敬业精神和创新精神，值得广大教师学习。

教育部副部长袁贵仁在《教育家成长丛书》座谈会上强调："要认真研究总结并大力宣传广大优秀教师的教学经验，这是整个教育战线的共同财富，要对他们的思想、经验进行总结、提炼。"《名师教学思想与教学艺术丛书》的出版，无疑是为广大教师做了一件好事。

《名师教学思想与教学艺术丛书》的总主编王增昌同志担任《中国教育报》"教学版"编辑20余年，在该版开设了"特级教师教学特色"、"名师教学艺术"等专栏，他与不少特级教师有密切联系，并对一些名师的教学艺术形式有一定研究。《丛书》约请的作者主要是全国各地至今仍活跃在教学第一线的著名特级教师。每位作者写一册，内容包括本人教学思想、教改实验，均以课例说明观点。《丛书》特点是理论联系实际，具有较强的可操作性。这套《丛书》的出版，将对广大教师树立正确的教学理念，明了教学既是科学又是艺术的真谛，更好地实施课改实验，大幅度提高教学质量有一定帮助。

優秀教師的教育思想和教學經驗是教育界的寶貴資源和共同財富

名師教學藝術叢書

二〇〇七年一月 振有

郭振有：中国教育学会常务副会长、原国家副总督学、教育部督导办主任

序

让模式成为实施素质教育的真实可靠的依托

东胜区教育局副局长
东联现代中学校长　刘月星

师生教育教学活动的主要场所是课堂，课堂是全面实施素质教育的主阵地，只有改革课堂教学，以“建立模式”为依托，科学处理“减负”与“增效”、教和学、规范与个性的关系，提高课堂教学的针对性和实效性，实现课堂教学效益的最大化，才能实现“面向全体”、“着眼全面”、“关注全程”的素质教育目标。

有人认为，讲模式会形成制约因素而使教育变得机械、教条、呆板。这是对模式理解出现了偏差。社会经济形态的变化，必然引起教育模式的转变。一所学校教育改革的目的，在于用新模式取代旧模式。要通过建立新的教育模式，去学习、选择、实践并创造新的教育理论，创造新的、科学而高效的教育思想方法体系，而不是简单的操作程序。智琳校长、宝铭老师与东联现代中学初中部教学团队，通过对“五过程学案式主体探索教学模式”的研究，给学校营造了两种氛围：创新人才成长的氛围、教育科研的氛围；实现了三个转变：转变了教育观念，转变了教学模式，转变了教师角色。以提高教育教学质量为目标，以校本教研为主要形式，以教育实践为肥沃土壤，以课题研究为主要载体，全方位推进新课程改革，为实施“举科研兴校旗帜，走内涵发展道路”的发展战略，开辟了一条真实有效的道路。“五过程学案式主体探索教学模式”

成为实施素质教育的真实可靠的依托。

值得一提的是，任何模式都有它的缺点和不足之处，要防止使用新模式的同时，对教师创造性产生制约作用。但“五过程学案式主体探索教学模式”中特别强调的是：合理呈现“自主探究、合作交流、师生互动、精讲点拔、巩固训练”五种学习过程，并没有固定的程序，可称为“无模之模”。教学有模，模无定模，贵在得模；无模之模，乃为至模。

纵览全部书稿，我的内心感到欣喜、激动、踏实、自豪。正因为有了我们这群教师的不断耕耘，不断探索，不断实践，不断总结，我校的新课程改革才会不断进步，并随之深入。这本书是东联现代中学教科研工作的一个缩影，从书中可以看到教师们耕耘的艰难，看到收获的喜悦，也能看到思考的凝重，更能感触到强劲的生命律动。它虽算不上鸿篇大作，甚至某种程度上还显得较为稚嫩，但它确实凝聚了各位教师辛勤教育、潜心研究的点点心血，映衬出他们求真务实、开拓进取、奋进创新的感人风采。

前　言

让每一堂课优质高效

加强新课程改革，是新课程深入推进的迫切需要，是学校重建教学秩序、教师重塑自我、师生重构课堂的需要。我们从2004年开始就积极进行新课程改革的研究与探索，在上级有关部门的领导与指导下，学校全体教师积极转变观念，始终坚持以现代的教育理论为指导，坚持实施素质教育，在实践中学习，在反思中进步，以饱满的热情和强烈的使命感投入到基础教育新课程改革的实践和探索行列中。

我们认为，新课改的实施绝不能等同于简单的课堂教学模式、教学组织形式的改革，新课改的本质是培养什么人和怎样培养人的问题，目标是促进学生的全面发展。因此，全面落实新课改方案，就是全面实施素质教育。

目前，新课程改革已进入全面实施阶段，新课程课堂教学的核心就是转变学生的学习方式，由被动的接受式学习转变为主动的探索式学习。这种学习方式的转变，势必要求教师深入研究探索新课程的课堂教学策略，学会组织、引导学生进行自主、合作、探究性学习，进行学生整体参与的学习活动设计，尊重学生在学习活动中的主体地位。这是新课程的目标所决定的，它要求学生在课堂学习中不仅仅只是掌握一定的知识，更要在学习的过程中逐渐培养形成学生良好的学习态度、学习能力、学习习惯、品质、积极的探索精神以及一个国家公民所应具有的良好素养。

让每一堂课优质高效。

让每一位学生都得到充分的发展。

让每一个教师的才智在学生的成长中得到升华。

让学校成为提升师生生命质量的绿洲。

这是我校的办学理念，在这一思想的引领下，我们抓住中心、聚集课堂，不断深入进行提高课堂教学的有效性的探索，研究探索出了“五过程学案式主体探索教学模式”（即：要求各学科教师的课堂教学应合理呈现“自主探究、合作交流、师生互动、精讲点拨、巩固训练”五种学习形式）的课堂教学模式，并以此作为学校的校本教改研究实验课题在全校各年级各学科全面实验推行，已收到了明显效果，开创了课堂教学的良好局面。

所谓“学案”就是“导学方案”的简称，是指以学案为载体，以导学为方法，师生共同合作完成教学任务的一种教学模式。它要求在学案设计和课堂操作时要合理呈现“自主探究、合作交流、师生互动、精讲点拨、巩固训练”五种学习过程，它最大的特点在于把学生的自学能力作为其他一切能力的基础能力来培养。在教学过程中，五过程的中心始终是学生，一改过去学生围着老师转的局面，老师由课堂教学的主导者变成了学生学习的合作者，尊重学生，关注学生，引导学生，启发学生，学生学习的积极性被充分调动了起来；而且教学能满足不同层次学生的学习需要，有效地培养学生自主学习的能力，从而使大面积提高教学质量成为可能。

本书从理论思想、方法研究、具体操作和实验过程等方面详尽阐述了我校“五过程学案式主体探索教学模式”的新课程改革经验和走过的历程，它凝聚了我校全体教师和领导团队的努力和智慧。此项课改实验是在刘月星校长的总体指导下，由课改实验领导小组带领广大教师进行的一项全校性的课改实验。课改实验小组的组长为秦智琳老师，副组长由王永清、阎森梅、韩宝铭老师担任，课改实验小组成员由李桂莲、齐俊玲、何占丽、单英明、赵霞、赵赫、杨琪、田富强、黄强等老师组成。参与语文学科实验的有王永清、单英明、田富强、史桂兰、乔贵敏、张兰云、石靖峰、李秀红、李素贞、屈美玲、高秀英、郭淑芬、王雅琼、蒋伟、何焕英、韩瑞娟、张静、刘艳霞、薛霞等老师；参与数学学科实验的有李桂莲、王文海、赵宏波、赵敏、贺翠玲、苏文香、杨梅、王玲、王延全、赵霞、南方、王利民、武文丽、王晓兰、段烨、任安翔、杨雪秋等老师；参与政治学科实验的有杨琪、张春和、辛俊喜、员小春、李凤云、何红艳、赵亚萍等老师；参与历史学科实验的有杨李、王晓霞、高世和、高小瑞、周博、吕秀廷、王丽娜、王文斌等老师；参与地理学科实验的有范丽、郑红霞、阿古达木、姚志刚、侯英梅等老师；参与生物学科实验的有闫森梅、贺勤、徐亚文、田淑杰、秦丽霞等老师；参与物理学科实验的有赵赫、刘敏、杨荣杰、马海军、马洪波、赵云梅、李顺义、殷海水等老师；参与化学学科实验的有高福喜、刘东、王瑞芳、范红、姜劲松等老师；参与英语学科实验的有鲁智慧、任红梅、张秀清、贺静、段娟、霍海静、阎利峰、刘丽、苏珍、高冉、刘瑞玲、徐玉兰、高敏、牛玉梅、王二利、柳洁、曹舒婷、刘霞等教师。

本书是我校“五过程学案式主体探索教学模式”课改实验的一次阶段性总结，全书由秦智琳与韩宝铭老师执笔完成。我们愿与广大教育同仁进行交流，相互学习。五年的课改实验，既有春华秋实硕果累累，也有冬寒叶枯花凋几多遗憾。但我们无怨无悔，将以积极的态度，一如既往，务实工作，去实现课改实验的艳阳天！

秦智琳

2010 年 4 月

目 录
CONTENTS

《名师教学思想与教学艺术丛书》序 / 顾明远

题词 / 郭振有

序 / 刘月星

前言 /秦智琳

第一章 “五过程学案式主体探索教学模式”概论

一、“五过程学案式主体探索教学模式”的形成与发展 ……………… 1

附:在教改的路上

——写在“五过程主体探索式学案”运用中 ………………… 7

二、“五过程学案式主体探索教学模式”的理论依据 ……………… 10

三、“五过程学案式主体探索教学模式”的教学原则 ……………… 14

四、“五过程学案式主体探索教学模式”的基本特征 ……………… 17

五、“五过程学案式主体探索教学模式”的效果与评价 …………… 22

第二章 “五过程学案式主体探索教学模式”的理论内涵与基本观念

一、“五过程学案式主体探索教学模式”与新课程理念 …………… 65

二、“五过程学案式主体探索教学模式”的以学定教的思想 ……… 69

三、“五过程学案式主体探索教学模式”体现师生共同和谐发展 … 71

四、“五过程学案式主体探索教学模式”是新的教育道德观的体现 …… 78

五、“五过程学案式主体探索教学模式”与最佳教学效益观 ……… 81

附:五步写成教育诗

——“五过程主体探索教学模式”达标课活动总结 ………… 84

第三章 “五过程学案式主体探索教学模式”的课堂操作

一、“五过程学案式主体探索教学模式”的教学特点和基本要求 …… 90

二、“五过程学案式主体探索教学模式”的学案设计 …… 94

三、“五过程学案式主体探索教学模式”的课堂教学过程与操作策略 …… 99

四、“五过程学案式主体探索教学模式”的课堂活动要素及参考程序 …… 102

五、“五过程学案式主体探索教学模式”的课堂评价 …… 105

六、运用“五过程学案式主体探索教学模式”应注意的几个问题 …… 108

七、“五过程学案式主体探索教学模式”在学科教学中的运用研究 …… 112

八、“五过程学案式主体探索教学模式”课堂教学展示课实录 …… 135

第四章 “五过程学案式主体探索教学模式”在课堂教学中的应用

一、“五过程学案式主体探索教学模式”语文学案选 …… 153

二、“五过程学案式主体探索教学模式”数学学案选 …… 163

三、“五过程学案式主体探索教学模式”英语学案选 …… 175

四、“五过程学案式主体探索教学模式”政治学案选 …… 186

五、“五过程学案式主体探索教学模式”历史学案选 …… 198

六、“五过程学案式主体探索教学模式”地理学案选 …… 206

七、“五过程学案式主体探索教学模式”物理学案选 …… 216

八、“五过程学案式主体探索教学模式”化学学案选 …… 228

九、“五过程学案式主体探索教学模式”生物学案选 …… 236

附录1:让课堂成为师生体验生命成长的平台
——东联现代中学初中部新课程改革经验介绍 …… 242

附录2:励志改革创新,共享成功快乐 …… 251

后记/韩宝铭 …… 253

第一章 “五过程学案式主体探索教学模式”概论

一、“五过程学案式主体探索教学模式”的形成与发展

1. 我们的思考

较长时期以来，初中教育承受了较大的办学压力，戴着应试教育的镣铐，跳着素质教育的舞蹈，初中教育确实有些尴尬。初中教育在整个基础教育中承担着“承上启下”的作用，上承小学，下启高中。与小学相比，初中一方面同样承载着义务教育的任务，要面向全体学生，促进学生全面发展，另一方面又是整个义务教育的收尾阶段，需要面对中考与升学的竞争压力；初中教育是面对特定年龄阶段学生的教育，具有一定的特殊性。虽然各个学校都在抓学习，但关键是如何去抓。是靠加班加点，还是靠提高课堂效率、“低负高效”的方式来提高学生成绩？要提高初中教育的教学质量，促进每一个学生的可持续发展，初中教育必须走“轻负担、高效率”的内涵发展之路。

新课改理念的三维目标要求教师在教学中要体现由认知向能力、情感与价值观转变与扩展，而不是把对知识的认知当作教育的终极目标，注重引导学生在方法与过程的切身体验中去学习新知识，掌握新技能。在重视课本知识的同时，引导学生面向同学、面向校园、面向自然、面向家庭、面向社会、面向世界和未来，充分

感悟多姿多彩的大千世界，丰富学生的情感和精神世界，让学生在学习的过程中会学习、会合作，树立正确的世界观。

但怎样才能把理念落到实处？学校通过讨论、论证决定创立适应当前素质教育要求的教学模式，用模式来“逼迫”部分老师改变传统教学方式。那么，创立怎样的模式呢？校领导亲自带领骨干教师到“洋思中学”、“东庐中学”、“杜朗口中学”、衡水中学”等名校学习教改先进经验，学习后，从领导到教师都对名校的先进做法进行了反思，最后大家形成了共识——“先学后教，面向全体”，课堂教学一切以学生为本，教师的活动都是为学生学服务的。

我们的想法是一定要坚持“以学定教”，建立“生本课堂”。所谓“生本课堂”，就是以学生发展为本，实现学生主动学习、自主发展的课堂。生本课堂是为了学生、基于学生、通过学生的自主学习来促进学生的发展。构建生本课堂，需要通过一系列教学行动策略，把“以生为本”的理念落实到课堂教学行为上，并且上升或提炼为教学规范，成为普遍的教学常态。但是，像邯郸学步似的照搬名校模式肯定是行不通的。为此，我们决定由骨干教师组成课堂教学改革小组，根据学校的教学实际，创立了具有东联初级中学特色的课堂教学模式——“五过程学案式主体探索教学模式”，即在课堂上要合理呈现“自主探究——合作交流——师生互动——精讲点拨——巩固训练”五个学习过程。

传统课堂效能低下，主要表现在：教学目标模糊、教学方法陈旧、教学过程单一、学生学习被动等方面。教师把课堂作为讲堂，对整个教学过程包办代替，抱住不放，替学生想，替学生说，替学生写，整个课堂中教师成了主角，学生成了看客，成了容器，这种课堂教学，严重影响了学生求知的积极性，阻碍了其主体作用的发挥，必然出现事倍功半的效果。我们的模式强调的是突出学生在学习中的主体地位和方法意识，变“讲授知识”为“主动探求问题

的思维方式”，突出学生学习过程和方式，注重建构知识的意义，减少教师讲授。同时把课堂还给学生，使教学过程真正成为学生参与、自主探究、展示提升的过程。我们创建的这种教学模式由“自主探究——合作交流——师生互动——精讲点拨——巩固训练”五大模块构成，全部在课堂上进行，强调了课堂学习过程的落实。在课前，教师根据当堂学习目标及学习内容设计学案，精心设计出导学思考题或活动方案，上课时学生在学案和教师的引导下，独立、紧张、高效地完成自学任务；然后学生在组内交流自读、自学、自研、自悟的成果，向全班展示本组的学习成果或讨论的结果，教师进行精讲点拨、师生互动交流，这是生生、师生、组组互动合作的集中体现，是思维的碰撞、情感的迸发、才智的展现，充分发挥学生的主体作用，调动其主观能动性，激发其参与欲望、竞争意识。教师尽可能地为学生的互动展示提供平台，创设氛围，发挥追问诱导、调控服务、精讲点拨、目标引领等作用，扮演的是支持者、辅助者与合作者的角色；最后是课堂反馈，教师根据教学目标设计当堂达标训练题，检查当堂学生目标完成情况。训练题设计要瞄准训练目标，着眼于知能转化，保证教学质量检测的信度和效度。

2. 我们的实践

为了推进我校的新课程改革，根据学校的教学实际，我们决定从2005年起在东联现代中学初中部全面实施“五过程主体探索教学模式”的课堂教学改革实验。

我们的课改实验的总体预期目标：

- 更新教师教学思想和课堂教学方法，面向全体学生，关注每个学生的发展，切实落实新课程提倡的“自主、合作、探究”式学习，努力实现“三维目标”，使“五过程自主探索教学模式”成为所有教师的课堂教学常态。

- 培养学生积极主动自主地合作、探究的良好学习品质和学习

习惯，最大限度地开发学生的潜能，让每一个学生都有事做，让每一个学生最大限度地动脑、动手、动口，使每一个学生每节课都有收获，让每一个学生都各得其所，让每一位学生都能得到不同层次的提高。

●在“理想”和“现实”层面找到一个有效的办法，努力实现课堂教学的优质高效，推进新课程的实施，给新课堂带来勃勃生机。整体上提高我校课堂教学效率，形成我校课堂教学改革优势，打造我校教学质量品牌。

我们的“五过程主体探索教学模式”课改实验的实施是分阶段推进的，具体分为五个阶段。

第一阶段：

成立“五过程主体探索教学模式”改革实验课题领导小组，制定课题试验方案，集中培训教师，更新课堂教学思想，深刻领会该项改革试验的重要意义，各备课组认真研究试验内容和试验方法，按要求各学科集体备课，推出一两节公开研究试验课，供大家学习和研究完善，然后全体教师进入“五过程主体探索教学模式”的课堂教学改革试验，课题组及校长、教科室、教务处深入课堂进行具体指导。

与此同时积极研究制定推动“五过程主体探索教学模式”课堂教学改革的管理评价制度：

(1) 引导教师站在“关注每一个学生的发展；提倡自主、合作、探究的学习方式；实现三维目标”的高度来评价“五过程主体探索教学模式”的落实情况。

(2) 强调“以学评教”，关注学生课堂学习过程中的六种状态，即：①角色状态（学生学习过程中的自主性和主体性程度）；②参与状态（全体学生学习过程中的参与程度）；③交流状态（学生间合作交流互动程度）；④思维状态（学生学习过程的思维活跃度和思维深度）⑤情感状态（学生学习过程所表现出的态度、兴

趣、注意力等状态）；⑥达成状态（教学效果及任务完成情况）。

（3）逐渐建立完善一套相应的管理制度，通过课堂教学管理评价的改革积极推动这项课堂教学的改革。

第二阶段：

课题组及教务处、教科室、各年级级部组织开展各年级各学科教师“五过程主体探索教学模式”的课堂教学的公开课达标活动。通过讲公开课并组织听课、评课、评分等形式检查落实每一位教师课堂教学改革的达标情况，不达标的教师反复组织公开课，直到公开课达标为止，课题组及时进行阶段性总结指导。

第三阶段：

这一阶段我校借鉴了东庐“讲学稿”的先进经验，将该项课改实验重新定为“五过程学案式主体探索教学模式”，在我校已有的“五过程主体探索教学模式”的基础上，借鉴东庐“讲学稿”经验形成的以“讲学稿”形式为载体，以“五过程主体探索教学模式”为核心的切合我校实际的课堂教学改革实验。用我们的话来说就是用讲学稿的“船”装五过程的“货”。研究制定“学案”的统一设计形式和使用要求，对全体教师进一步培训指导，并统一组织安排各年级备课组开展推进“五过程学案式主体探索教学模式”的“每周一科一课”活动（每周统一时间，各备课组推出一节公开课，并组织集体听评课）。组内交流研讨，落实完善“五过程学案式主体探索教学模式”课堂教学学案设计与使用，课题组进行随机听课检查和及时指导，在此基础上准备重新进行“五过程学案式主体探索教学”的教师课堂达标活动，进一步巩固落实这项课堂教学改革成果。从根本上改变传统的教学方法，使“五过程学案式主体探索教学”真正成为每一位教师的课堂教学常态，从而提高我校整体教学质量。

第四阶段：

计划组织开展“五过程学案式自主探索式教学”的“优质课”

评比活动，培养一大批该项课堂教学改革试验的学科带头人，形成学校的课堂教学特点和优势，实现总的预期目标。同时对该项课题研究试验情况进行系统全面的调查分析和经验总结，拿出成果，适机进行广泛交流和推广。

教学有模，但无定模，贵在得模。经过三年来的实验，我们感到：老师们的教育理念在发生变化，教育教学评价在发生变化，教师“教”的行为在变化，学生“学”的方式也在变化。我校的这套教学模式，既符合新课程所倡导的理念，又具有鲜明的个性特色，这主要表现在：一方面学生的课堂学习活动始终是在教师主导下紧张而有序高效地进行，合理安排学、教、练，积极引导，提高课堂教学效率，坚持“教师为主导、学生为主体、训练为主线”的原则。另一方面也彻底打破了传统课堂由教师一人和个别精英学生唱独角戏的格局，由封闭走向开放，由沉闷呆板变为充满生机和活力。

课改实验提升了学校的办学品位，促进了学校的内涵发展，促进了教师的专业成长。苏霍姆林斯基说：“如果你想让教师的劳动能够给教师带来快乐，使天天上课不至于变成一种单调乏味的义务，那你就应当引导每位教师走上教学研究这条幸福的道路上。”经过几年潜心实验、研究、锤炼，一批科研型的骨干教师正在涌现，初步实现了教师在研究中成长、在研究中提高的目的。如今，学校研究气氛浓厚，大家都积极参与课改实验，课堂教学不断有新的突破，减轻了负担、提高了质量、促进了学生的全面发展。“轻负担、高质量”一直是我们学校的追求，在课改实验中“负担降下来，学生动起来，质量提上去”正在变为现实。连续几年的中考成绩在全市居领先地位，就是最好的说明。

附：

在教改路上

——写在“五过程主体探索式学案”运用中

东联现代中学初中部　张静

很多年前，一位潜心教改的前辈曾发出这样一句经典的感慨：语文是“戴着镣铐的天鹅舞”。在语文的舞台上，我们就是舞者。戴着镣铐枷锁，也必须舞得从容，舞得优雅。于是，势在必行的语文教学改革就这样轰轰烈烈地展开了。从“先学后教，当堂训练”的“洋思模式”到呼唤传统、主张合作的“中语整改”；从杜郎口的展示课到东庐的讲学稿，十多年过去了，语文教改愈演愈烈、如火如荼。

在这种形势下，东联中学的“五过程学案式”教学应运而生。近一年的时间里，考察学习、听报告讲座、备课听课评课磨课、研讨摸索，这一路走得何其艰难。

学　步

东庐中学，是掩映在青山绿水间的一所农村中学。让它崛起的法宝是讲学稿。这张由试卷“变身”而来的薄纸片有这么大神力吗？答案是肯定的。

首先，它明确了教与学的目标。一节课要完成哪些任务，老师心中有数，学生一目了然。这样，课堂活动就有的放矢了；其次，它让预习更具体规范了。学新课之前学生“先学”的内容就印在上面，让学生的预习踏踏实实，不打“擦边球”；第三，它让课堂教学更明朗了。重点、难点、要点、疑点一个都不少，教与学不会再兜圈子；第四，它让练习更高效了。随堂巩固、课内阅读、课外延伸，每种练习都“少”字当先，“精”字当头，是实实在在、高效优质的“练”。还有，它让老师的教学更简单、更易操作了，它让学生逃出“书山题海”的压迫了，它缩短了年轻教师成长的时间，它更快更好地教会了学生学习的方法……

取其精华，“拿来主义”。于是，一张张极具东联特色的“五过程主体探索式学案”就出现在师生的案头：教与学目标明确，“五过程”精当独到，练习精炼高效。

怀揣同一个理想，捧着散发油墨清香的新“学案”，我们蹒跚上路了。

迷　途

所有的教改都一样目的单纯——提高学生的语文素养。深谙这一点，所以无论多么艰难，老师们都抛掉了多年教学的习惯与风格，热情洋溢地试穿这并不合脚的“新鞋”。但接踵而至的新问题还是让我们措手不及。

先是学案的设计。学案学案，既是学生“学”的模本，又是老师“教”的教案。怎样让二者和谐统一？这是个难题。以学生的学习活动为主，学案就变成了试卷，语文课恐怕也得上成“对题课”；以老师活动为主，学生的学无从体现，学案不就成“教案”了吗？学与教的整合让人费尽思量。

其次是学案中个性的不兼容。主备人只有一个，学案的设计显然得服从于主备人的思路与个性。问题就来了——照学案讲，它不是我的思路；不用学案讲，那它的存在就没有了价值。用别人的思路上自己的课，就会不舒服、不顺手，结果一节课上得支离破碎、七零八落……

第三是学案扮演何种角色的问题。教案？不够流畅、不够详细、不够完整、不够得心应手；笔记？记在书上比记在这儿更有效、更直观、更宜保存、更方便复习；学习向导？一题一题写下来，怎么都像对卷子，语文课没意思透了；习题？也太多了！学一篇课文做这么多题，看着也发愁。作业？测试卷？……这原本神奇的“宝贝”，实际用起来却这么难驾驭。一时间，它似乎成了负担。

第四，去哪里找大量时间来落实学案？学案很占时间。这是我们共同的叹息。上课又要讲内容，又要做学案，这本就使一节课上成两节，再加上随堂练习、拓展延伸，不上习题课，它们形同虚设。

……

大大小小的问题层出不穷。困惑迷惘让我们裹足不前。已是“山重水复疑无路”，怎么会“柳暗花明又一村”？

探　幽

怎么办？

学习，讨论，修改，试用，再讨论，再修改……

东联人在用勤勉踩踏一条蹊径。

云雾渐开，日月渐明——

1. 细化学案的“预习导学”部分，让它成为学生的“预学案”。学亦如教，有预设才有生成。“教”之前“学”，才能学得轻松。给生字加拼音、根据拼音写字、解释词语、组词造句、作家作品，学一篇课文，它们是基础，首先要解决，把它做细做实；针对学生懒得深入文本预习的现状，预习导学中再加上有关课文内容的问题，“逼”他们低下头来读课文，从课文中发现。如人物、地点、时间、故事内容等。有了对课文的初步感知。课堂教与学就轻松多了。

2. 压缩简化教学主体流程设计。一节课的教学，学案上只出现“主干”，不留“枝叶”。具体解决这些要点用什么方法，就可以“八仙过海，各显神通”了。这样，老师的个性风格就有了生存的空间，不再会把课上得僵化生硬，不再束手束脚苍白乏味。语文课依然快乐依旧、灵动依旧。

3. 练习宜少不宜多，宜精不宜繁。练习的目的就是巩固。根据知识要点设计随堂练习与阅读，要起到强化巩固的作用；课外拓展一定选择最合适的链接，它是另一种方式的知识巩固。如《观

舞记》链接《明湖居听书》就是完美的选择，它能使描写这种技法得到更扎实更全面的巩固提升。

4. 落实学案采用多种方法。如互批、组长检查批阅、老师精讲点拨、老师批阅等，根据篇目、学生情况和老师状况灵活把握。

经过打磨修改的学案“新鲜出炉”，语文课日渐充实、日渐快活。像学生们作文中写的那样：“学案——我的良师益友”、“学案教会了我学习（思考）”、“我有学案‘一点通’”、“给我一份学案，我能撑起一方晴空”、“学案学案你最牛，我的学习不用愁”……

学案、我们，一起成长了起来。

在路上

“路漫漫其修远兮，吾将上下而求索。”

教改之路，必然是这样的：有挡住前进的荆棘利刺，有汹涌在平静之下的漩涡暗流，有举步维艰的惶惑迷惘，有进退维谷的艰难抉择，有不可预知的弯道岔路，有难以排解的疲惫阵痛。

自己的路要靠自己的脚踩出来。“五过程学案式”教学才露出熹微的晨光一点，我们会思考着、摸索着一路走下去！

在路上，我们目光从容，步履坚定。

在路上，我们探索不休，奋斗不止。

在路上，我们痛，并快乐着。

二、“五过程学案式主体探索教学模式”的理论依据

1.《基础教育课程改革纲要》

《基础教育课程改革纲要》中指出：传统的学习方式忽略了人的主动性、能动性和独立性。转变学生的学习方式就是要转变这种

单一的、他人为主的被动的学习方式，提倡和发展多样化的学生学习方式，特别是要提倡自主、探索与合作的学习方式，让学生成为学习的主人，发展学生的创新意识和实践能力。因此，在课堂教学中实行自主探索的学习模式正是课改精神的体现。

2. 马克思主义哲学关于事物普遍联系的观点

唯物辩证法认为，事物之间以及事物内部各要素之间是相互影响、相互制约的关系，任何事物都与周围其他事物相互联系，整个世界就是一个相互联系的有机整体，这就是联系的普遍性。在教育教学过程中，教师与学生之间就是一个相互影响相互制约的关系，教师恰当的课前设计和学生课上的积极参与就是一个有机整体，处理得当就会使教学活动收到极佳的效果。教师在教学过程中的主导作用是不容置疑的，学生在教学的过程中是课堂的主体也是不容许改变的。不然的话，两者中任何一点出现偏废都会对教学结果产生极大的负面影响，因此我们在教学中应强调两者的有机配合，最终使整体的功能大于局部功能之和，使学生在有限的时间里学到更多的知识，取得更大的进步。

3. 主体性教育的理论

主体性教育是指根据社会发展的需要和现代化的要求，教育者通过启发、引导受教育者内在的教育需求，创设和谐、宽松、民主的教育环境，有目的、有计划地规范、组织各种教育活动，从而把学生培养成为能够自主、能动、创造性地进行认识和实践活动的社会主体。教育只有在尊重学生的主体性的基础上，激发学生的主体意识，培养学生的主体能力和主体人格，才会使学生实现由自在的主体向自为的主体的转变，积极参与自身的发展与建构，丰富、和谐的主体性才有形成的可能。学生主体性的发展正是他们作为主体参与自身全面发展的基础和前提。没有主体性的发展，学生的全面发展就无从谈起。

要建立以学生为主体的观点，首先要把学生从一个单纯接受灌输的“被动人”，转变为通过教育获得发展的“主动人”。其次，要认识和遵循学生发展具有内化性、阶段性的特点。在教育、学习过程中，学生只有通过自己的参与和体验，才能将教育的作用和环境的影响内化为个体的素质。最后，学生的学习活动要遵循心理科学的规律，要从单调、呆板、枯燥、压抑的状态转变为生动活泼的状态。

4. 建构主义学习理论

建构主义认为，学习过程不是学习者被动地接受知识，而是积极地建构知识的过程。强调教学应该创设一种鼓励学习者自我积极建构知识的学习环境。提供多元化的信息源和基于真实情况的学习经验。在建构主义的学习环境中，学习者是主动的、积极的、合作的，并达到逐渐自我控制的学习过程。教学活动的中心是学生而不是教师。

5. 培根（F. Bacon）的探究学习理论

培根是探究学习理论的先驱之一。他在1620年的著作中提出了把科学主要看作是“探究程序或方法”的观念。此后，许多学者认为探究是儿童的本能之一。在组织儿童学习的活动中，首先要注意激发和维持儿童的探究兴趣，促使他们利用教师提供的学习资料亲自参与探究活动。在儿童探究学习过程中，通过适当的训练方法教给他们科学探究的程序、策略和技能，掌握科学家用于组织知识、形成原理的方法，改进和丰富他们的探究性思维等。这样，探究学习的理论就逐渐形成。

6.“发现学习论”教育理论

著名教育心理学家杰罗姆·布鲁纳的“发现学习论”的教育理论认为：“认识是一个过程，而不是一种产品。”学习的主要目的不是要学生记住教师和教材上所讲的内容，而是要学生参与，让

不同层次的学生根据自己的实际来确定目标，然后通过自学，借助外物的帮助，使学生的个性得到全面发展。教学过程就是在教师引导下学生发现的过程。“学习就是依靠发现”，要求学生利用教师或教材提供的材料，主动地进行学习，强调学生自我思考、探究和发现事物，而不是消极地“接受”知识。因此，教师的作用是为学生设定一种能够独立探索的情境，启发学生自己去获取知识，而不是为学生提供现成的知识。

7. 巴班斯基教学过程最优化原则

“教学过程最优化是在全面考虑教学规律、原则、现代教学的形式、方法和教学系统的特征以及内外部条件的基础上，为了使过程从既定标准看来发挥最有效的（即最优的）作用而组织的控制。”他强调了教学过程最优化不仅要求科学地组织教师的劳动，还要求科学地组织学生的学习活动。

8. 心理学理论基础

中学阶段对人的创造力发展非常重要，许多经验都证明，一个人将来创造力的水平如何，在很大程度上取决于中学时期创造力的发展情况。因为在中学阶段，人的想象力是非常强的，而且有意想象和创造想象占优势地位，这两个方面为学生的创新和创造提供了一个前提条件，能否充分发挥他们的作用，还取决于教学的内容和方法。因此，在教学中应给学生创造一个适于想象和开启思维的空间，留有想象的空间，充分发挥学生的自主性、独立性，鼓励他们自信、自主，欣赏他们的异想天开，与众不同，为学生提供一片充分想象、自由翱翔的天地，尽情地探索、研究、体验，形成享用终生的新素质和创新人格。

9. 成功学理论基础

成功学的一个最基本的原理，那就是心态决定人生。具有自信、积极思维、乐观和积极主动的心态就一定会获得成功。依据这样的原理，在教学中，积极进行换位思考，从学生的角度出发，创造情境，诱导学生积极体验和尝试，产生兴趣，并获得成功，产生成就感，增强了自信心，培养了学生的积极心态，长期坚持下去，就能培养出具有稳定的创新素质和创新人格的人才来。

10. 合作学习理论

教学过程是师生为实现教学任务和目的，围绕教学内容共同参与，通过对话、沟通和多种合作活动产生交互影响，以动态生成的方式推进的活动过程。学生间的合作互助应是最常用的学习方式，让学生之间相互帮助，相互交流，达到共同进步的目的，但这种合作互助必须建立在独立学习的基础上，因为独立探究有利于培养学生思维的独立性和深刻性，而小组合作互助可以弥补学生差异，对培养学生交往的技能及分享、合作的态度具有独特的作用。

美国心理学家 H·A 奥图在《人的潜能》一书中说："如果以水平的探索行为代替垂直的竞争行为，将能使更多的人有所成就。因为探索行为不像竞争行为那样会产生个人冲突和焦虑，却同样能激发学习和进步的动机，这种动机是基于探索性的自我发展而非竞争性的自我保护。""小组合作学习"就全班来说，就是把个人之间的竞争转化成一种各小组内部水平性的学习探索和研究，它虽然淡化了学生个人的学习竞争，却强化了小组间的集体性竞争，在一个班级中，个人之间的学习竞争往往只是集中在少数优等生之间进行，而集体性的竞争可以使所有学生参与进来，而且更持久。

三、"五过程学案式主体探索教学模式"的教学原则

1. 主动性原则

主动性原则是指教学中必须有效地促使学生主动参与教学活

动，主动学习，自主建构知识结构，这就要求把教学活动看做是在教师指导下，学生主动探索知识发生过程及知识之间内在的联系过程。坚持主动性原则，教学中就要给学生施加积极影响，使学生处于主动、活泼的状态，从而引起学习需要，激发学习动机，达到自主性学习的目的。为此，必须注意两点：①创设成功的机会，激励学生主动参与；②提供参与机会，促进学生主动学习。

2. 活动性原则

活动性原则是指教师在教学活动中要把活动贯穿于教学的全过程，使学生最大限度地发挥主动性，使学习成为其自主活动。遵循活动性原则注意两点：①教学中不是只关注掌握知识结论，更要关注学生对知识形成过程的理解；②坚持学生活动互助性，学生互助使学生有更多的相互交流的机会，有利于更多的学生加速知识意义建构。

3. 建构性原则

建构性原则是指教师在教学过程中不是灌输知识，而是启发学生自主建构知识结构，具体地讲，就是学生通过观察体验、独立思考和主动探索，逐步理解和掌握知识的发生过程与知识的内在联系过程，以促使学生建构良好的知识和能力结构。

4. 自主性原则

自主性就是学生在学习时表现出来的自觉性、积极性、独立性特征的总和。要求整个教学过程改变教师讲、学生听，教师做、学生看的被动教学模式，让学生自己做、自己讲、自己思考、主动学习，保证学生的主体地位。

5. 探索性原则

探索性是指教师的教学活动应富有探索性，为学生创设与教材内容有关的探索情景，让学生产生各种疑问和设想，提出探索的问题。引导学生举一反三，从联想中浓缩精确的结论。改变死记硬

背、简单模仿、机械练习的模式，让学生在教学活动中自己探索、发现、研究、解决问题。老师尽可能多地给学生提供实践或实验机会，要交给学生一些带有探索性的实践任务，使学生具有开展探索性质的广阔时空，不断扶植和增强每一个学生成为发现者的愿望，提高学生的实践创新能力。

6. 创新性原则

把教的创新和学的创新有机地结合起来，学科教学和活动创新有机地统一起来，校内创新与校外创新有机统一起来，创新精神的培养和创新能力的培养有机地统一起来。

7. 操作性原则

操作性是指在教学过程中，引导学生利用教具操作参与知识的形成过程，能够激发学生主动参与学习的兴趣。变“坐着学”为“做中学”，使他们乐学、善学，从而培养学生的能力、发展学生的思维。

8. 合作性原则

合作学习是学生在小组合作中共同探索、发现和解决问题。这样能增加学生的信息交流量，拓展学生思维的深度和广度。相互合作，不仅能促进知识技能的学习，也有利于培养团结互助的协作精神。

9. 激励性原则

培育学生对自己创新能力的自信心和获取创新成就的勇气。积极鼓励学生为探索和选择新途径、新方法去处理问题。善于激发学生不断创新的欲望和需要，促进学生的心理经常处于一种追求创新的状态。

10. 民主化原则

教师要尊重每个学生的兴趣、爱好、个性、人格，要以平等、

博爱、宽容、友善、引导的心态对待每个学生，使学生的身心自由地表现和舒展开来。根据心理学家研究表明：宽松民主的环境和氛围，是“心理自由”的前提，而“心理自由”则是发挥思维敏捷性和创造性的条件之一。传统的“一言堂”教学，正是缺乏这种宽松、民主的学习环境和氛围，它抑制了学生思维的主动性、灵活性和创造性，抑制了学生的发展。

11. 个性化原则

个性化是指教学中不仅要培养学生的创造才能，更要培养创造型人才的个性，使学生各有专长。要求教师必须“因材施教”。激发学生的自主性和创造性，改变在个性问题上的陈腐偏见，把培养积极进取、各具特色的个性作为一项重要任务来抓。

12. 整体性原则

教师把学生的成长、发展看成是一个生命整体的成长、发展，这个整体有一种内在的和谐性，它表现为能力的多样统一性、身心生长的有序性。要为学生学会学习、终身学习铺路搭桥。

四、“五过程学案式主体探索教学模式”的基本特征

激励、引导、自主、合作、交流、互动是“五过程学案式主体探索教学模式”的基本过程或基本特征。激励、引导是教的特征，自主、合作是学的特征，而整个课堂的教学过程的特征是交流、互动。

1. 教，是激励与引导

在“五过程学案式主体探索教学模式”中，教师的责任是激发学生学习的兴趣和疑问，引导学生自主构建知识体系和知识结构。

激励，就是时刻关注学生学习的兴趣与学习的动力，使学生保持积极主动的学习状态。

引导，就是通过学案导引和教师的精讲点拔，引导学生自学、质疑、求异、创新。我们要在学案中精心设计问题和问题情境，让学生带着问题学，引导学生进入问题情境，在问题情境中观察、思考、选择、判断，从而提高学习的目的性、针对性，提高学习的效率。同时，好的问题和问题情境，能启发学生思维的发散与聚合，培养学生良好的创新思维习惯和能力。

“激励”总是与“引导”相互联系在一起。“引导”之前必须要有“激励”，“激励”之中包含着“引导”，从而才能充分发挥教师的主导作用，才能引导学生主动、自觉地学习，而不是依赖、盲从。因此，在“五过程学案式主体探索教学模式”中的“引导”，是师生双方主动参与并与激励紧密联系的活动过程。

我们在学案的编制与课堂操作中，只要注意“激励”的技巧，讲究“引导”的策略，就一定会取得理想的教学效果。我们可以采用以下的一些“激励”与“引导”的措施：

（1）要了解学生。既要知学情，还要知学生的心理世界和生活世界。只有这样，我们的学案设计才能打动学生的心灵，才能设计出让学生感兴趣的问题和习题，才能创设出帮助学生感知、感悟、自主进行知识学习的情境。

（2）运用情趣化的方式导入课题，调节情感，放松身心，创设情境，激疑、激趣。以此启动学生学习的内部动力机制。

（3）编制问题化的学案，创设问题情境，强化学生的问题意识。讲究鼓励质疑的设问技巧，注意设问梯度。

（4）将基本概念、基本规律习题化，使学生通过自主探究阶段的学习，能基本完成“双基”学习任务。并能发现问题，提出问题，并通过初次的小组交流互助解决一般性问题。以保证再次的“合作交流”与“师生互动”的“问题”质量和参与交流的积

极性。

（5）注意交流反馈多向化：学生与教材、学生与学生、学生与教师的交流要充分，让学生在民主、和谐的气氛中充分发表意见，大胆质疑。不急于得出结论。教师点拨要精，精讲点拨时间一般不要超过15分钟。

（6）鼓励性评价技巧的使用，使其产生新的激励和引导效果。

（7）以精讲点拨思维、总结方法、指出应用方向和创新方向，出示纲要信号，便于学生记忆和记录。

（8）学习方法指导和学习策略的运用，培养学生自学能力，让学生学会学习，学会交流，学会创新。践行“教”是为了“不教”的为师之道。

2. 学，是自主与合作

在“五过程学案式主体探索教学模式”中，“自主”与“合作”是“学”的特点。教师的“激励”、“引导”和学生的“自主”、“合作”式的学习，是同一过程互相依存的两个方面。没有教师的激励、引导，就没有学生自主探索式的“学”。没有学生自主探索式的学习，也就谈不上主体探索教学模式。

自主，就是指学生作为学习活动的主体，在教师必要的引导下，积极、主动地获取知识，掌握技能、发展心智。“自主探究”是让学生有自己独特的内心世界和生动活泼的思维活动。教学中应该通过创设一种具有开放性的问题情境，让学生有充分思考、想象和表达的时间和空间。

合作，就是互助性的学习。是指学生在合作学习原理的指导下，在小组中，为了完成共同任务，有明确的责任分工的互助性学习过程。互助就是基于学习小组的建立和小组内外的互动、合作、交往，由学生问学生、学生教学生、学生帮学生、学生影响学生、学生评价学生、学生检查学生。“合作交流”作为现代教学中的一种重要的学习方式，是提高课堂主体参与效率、拓宽学生情感交流

渠道的重要方法。

自主与合作总是联系在一起的。自主与合作密不可分，相互促进，相互渗透。“自主”是基础，是关键；“合作”是共进，是拓展。没有“自主”的“合作”是盲目的“合作”；没有“合作”的“自主”是肤浅的“自主”。自主合作学习型小组是自我管理学习、相互管理学习的表现。将个人竞争转化为小组竞争形式，竞争能力和水平更高。同伴间的相互学习，可以避免学习中的孤独感，提高学习动机，获得友谊，增强班级的归属感。学生把握得越少，懂得的知识越少，越喜欢从他人身上获取，而学习小组能够满足学生这一要求，实现共同学习，相互鼓励，传递与沟通信息，并加强了自我管理的能力，让学生真正得到发展。通过互助学习取长补短，凸显学习的交往性、互动性、共进性，培养人的合作精神、团队意识和集体观念。

在教学中自主与合作相互渗透、相辅相成，就能既发挥学生个体作用又发挥群体效应。合作要以独立思考为基础，要因材施教。有的内容需要自主探索而不需要合作，不同的学习内容有不同的合作方式和合作时机，如当学习活动中产生不同意见时、研究结果多样时、独立思考困难时、解决策略不同时、需要分工操作时等等，这些都是合作学习的好时机。

3. 过程，是交流与互动

“五过程学案式主体探索教学模式”的课堂就是一个交流互动的课堂，因此，课堂教学的特征就是“交流”与“互动”。

交流互动，是各项交往的一种学习形态，在教学情境中，教学主体之间发生的互相作用方式，是教学主体之间进行信息与行为交换的过程，是教学场的核心特征。互动使教学中的人际关系不再呈现为简单的“主体——客体”关系，而是具有一定相依性的“人——人”关系，是学生获得主体地位的途径。

交流互动，使个体学生的行为成为教学活动系统的有机组成部

分。由于互动，学生个体的主体参与被纳入到教学的动态化系统中，这有利于避免个体参与的游离或孤立。在互动的教学中，个体的主动参与就是集体行为的一部分，是互动把个体的行为集体化了。互动，凸显了学生主动参与的交往性、合作性与发展性，其发展性是核心。因此，互动是提高学生综合素质、让学生主动积极发展的载体。

（1）编写学案时，教师要在了解学生心理世界和生活世界的基础上，设计教学过程，编写引导学生探索的问题和练习题，思考创设认知情境的方法、教给学生学习方法等，是心灵上的交流与互动，否则很难打动学生的心灵。

（2）自主探究，是交流与互动的基础。主动参与模式强调学生在读书提纲引领下的自学。自学是所有学习的终极表现，是独立获取信息、提炼问题、解决问题、发现新题、提出新观念、进行知识积累的有效阶段。没有自学，互动就无话可说，无问题可谈，就不会产生有意义的互动，互动的效果与质量就会大打折扣。因此，要提高交流互动水平，必须以高效的自主探究为基础。

（3）及时、积极的评价，是交流互动的主要激励手段。互动需要动力，动力的产生需要利用具有启动性、催化性作用的因素，教师和同伴的评价，直接影响着学生交流与互动的心理和行为。适时的、客观的、积极的评价可以激发学主动参与交流、激发互动的热情，助长学生主动参与行为的诱因。恰当的评价，可以是教师富有诚意或富有激情的语言，可以是学生身边的人和事，可以是某一能引起学生兴趣的话题，可以是一种奖励，等等。

（4）互动，有利于创造富有活力的教学气氛。互动，把主动参与放在了一个动态的教学场中，使参与有了一定的教学气氛支持。在单向灌输式教学活动中，教学情绪低落，课堂显得机械、呆板，缺乏一定的活力。学生容易疲劳、精力分散，信息传递效率低下。在互动性教学中，教学主体都会积极参与，教学氛围具有一定的感染力和带动性。互动保证了教学交往的灵性。

（5）互动，能为学生创造更多的“成功”机会。积极的互动，总是建立在自信的基础之上。互动过程中，学习主体总是会从安全需要、被认可需要、发展需要等三个需要出发去参与互动，总是想在互动中展示自己的才华，会不失时机地抓住每个可能的成功机会。教师设计学案时，是贴近学生心理世界和生活世界的，是由浅入深、由简单到复杂、层层深入的，有不同“层次需要”的学生都会感到“有话可说”，都会有展示自我、获得成功、体验成功的机会。课堂上老师组织的“自学互查”、“交流讨论”、“评价”等互动环节为学生创造了更多的互动机会，也就创造了更多的成功机会。

（6）课堂上的互动是多样的、全方位的。在导入阶段，教师以启动学生学习动力为目标，是师生间形成共同目标的互动。在“自主探究”过程中，教师深入学生中间，学生通过教师编制的学案进行自学，是师生间进行的“问题”互动。在“合作交流”过程中，除了生与生、组与组的交流与合作之外，还有在学案所创设的认知情境中，学生与书本、与社会、与大自然间的交流互动。在“师生互动”与“精讲点拨”阶段，是师生间、学生间的思想、方法、情感的交流互动。在巩固训练阶段，是学生之间、学生与教师之间、学生与知识之间的互动。因此，五过程主体探索教学模式的教学过程是一个多向交流互动的过程。

五、“五过程学案式主体探索教学模式”的效果与评价

虽然各个学校都在抓学习，但大多是靠加班加点延长学习时间，这种高投入低产出的做法并没有使初中教育教学质量提高，准确地说这种教育模式并没有使每个作为个体的学生获得应有的全面

发展。

我们通过几年的实践，创建了“五过程学案式主体探索教学模式”，并作为课题在全校进行研究与推广。

我们把“五过程学案式主体探索教学模式”在语文、数学、政治、历史、生物、物理、化学各学科依次推行，并且把这种以学生为本的教学模式确立为我校的教学文化。在这一方向的引领下，我们开发了一系列校本课程，为学生的个性成长和终身发展奠定了基础；校本教研变成了办学的亮点，让教师的才情在学生的成长中得到升华；创新的教学模式让学生成为了学习的主人。通过这种有方向、有目的的改革，教师的教学观念和教学方法已经发生很大改变，形成了合力，课堂效率明显提高。

“轻负担、高质量”一直是我们的追求，在“五过程学案式主体探索教学模式”的实施下，“负担降下来、学生动起来、质量提上去”正在变为现实。在连续三年的统考、中考中，我校初中平均分、及格率、优秀率均居东胜区第一，部分学科取得了全市第一的好成绩。2009 年中考我校平均分、及格率、优秀率均居鄂尔多斯市第一，王中宇同学以 670 分摘得鄂尔多斯市中考桂冠。

我们知道，增效减负是一个系统工程，要想取得实效必须找寻突破口。我们认为，“五过程学案式主体探索教学模式”在我校的实施，找到了增效减负的突破口，收到了实效。一是“五过程学案式主体探索教学模式”的学案编写是集体智慧的结晶，通过编写学案实现思想碰撞、资源共享，从而提高教师整体实施新课程的水平。二是“五过程学案式主体探索教学模式”的学案是导学的工具，借助学案可以培养学生的学习能力，形成良好的学习习惯，从而让学生想学、会学、乐学，这样才能学得好、学得持久，学业压力才会真正减轻。三是通过“五过程学案式主体探索教学模式”能有效控制作业量。采用精选精编、全备课组统一的作业，可以避免因教师个人行为而导致作业量过大的现象发生。四是通过“五过程学案式主体探索教学模式”的课题研究，促进了教学研究水平的提高和教师的专业成长。研制学案的过程是一种高强度的智力活动，它既可以激发教师的研究热情，也可以促进学校教科研水平的提高。五是通过“五过程学案式主体探索教学模式”的实施促进了青年教师或相对落后的教师快速成长，保证教学质量高位均衡。总之，“五过程学案式主体探索教学模式”是我校教育教学与管理的系统工程，以“五过程学案式主体探索教学模式”为突破口，带动了我校各方面工作的快速提升。

由于我校在课堂教学改革上的显著成绩，受到社会各界的好评。近三年，周边地区的百余所学校的领导和老师来我校参观考察，学习我校的先进教改经验。鄂尔多斯市和东胜区的教育教学改革现场会两次在我校召开，与会的领导、专家和教师们通过观摩我校的课堂教学，与师生进行座谈交流，对我校的“五过程学案式主体探索教学模式”给予了高度评价。鄂尔多斯市教研室斯庆巴特尔主任说：“东联中学的‘五过程学案式主体探索模式’是我市外地名校经验本地化实施的最好典范”。东胜区教研中心杨富荣主任说：“东联中学的‘五过程学案式主体探索模式’为我区新课改理念下的课堂教学改革起到了很好的示范作用”。

新课改在我校由一个概念变为一个事实，一个普遍的事实，一个备受关注的事实——与此同时，它也正在变成历史。在这个过程中，很多人急于给它下一个结论，而实际上，更重要的也许还不是结论，而是来自当事人的直接的感受。感受固然不如理论那么客观、公允、全面和深刻，但是，它可能最真实。

1. 学生感言

现代教育理念的重大转变，主要是教师的学生观的转变。教学的一切环节都要以学生的活动为主体，让课堂教学充满生机与活力，从而提高课堂教学的有效性，特别是教师要充分关注学生在求知和进取方面的真切感受，让他们在自由宽松的心境中萌发创新意

识，在学习活动中体验成功的快乐，这是我们教师应该追求的教学境界。我们应该感受到教学中学生成长需要的所在，感受到学生成长需要对于课堂教学改革的重要意义。因此，课堂教学改革的成效如何，学生最具有发言权。

通向成功的阶梯——学案

048 班 孟元

升入初中之后，我便结识了它，与它一同前进，它一步步让我走向那神圣的阶梯。

我刚遇到它时，我曾问它：“你是谁?”它没有回答，只是说：“不久之后，我一定会与你为友。”

是的，在几天之后我认识了它，并与它结为好友。在第一堂的数学课上，我再次遇到了它，当我迷茫的看着它时，它再次发话：“你放心吧，只要跟着我一步一步的来，你一定会学得懂!”

我便随着它的牵引，仔细读着它身上那些大段大段的文字，按照它的讲述，做下边的题，我明白了，我跟着它，只会更快进步，等老师讲课的时候，我懂了！真的，我全都懂了！我在心中发出这般赞叹，便开始做下边的课后习题。

一步步的深入，我遇到难题了，它指导我学会了独立思考，在自己的脑海中建立起思路，让我顺利地闯过一道道难题，我想此时我的思绪已经超越之前了。

之前老师的讲述，也只是让我学会解题的思路。但对初入中学的我来说，它很难真正地实用到那些后面的难题当中来，也只有靠它的牵引，让我获得独立思考的能力。我想在这个初中数学的开端，我已在它的引导之下，学会了思考。

原本在小学就落下数学的我，到了初中之后就已经很吃力了。在第一次月考中，我的数学只有 74 分，这意味着我刚刚爬过及格线。哎，我对自己很失望。

对数学灰心的我，在看到它的时候，它却又给了我动力，让我继续跟着它一同前进。我虚心地向它学习，它踏实地引领着我进步。

在期末考试中，在它的帮助下，我的数学成绩由 74 分升到 105 分，这对于我来说是一个飞一样的跨越。这一切都归功于它——学案啊，我在心底里感谢你！

由于它，我一步步地向前迈进；由于它，我的信心更加坚定；由于它，我会坚持不懈地努力下去。

神圣的阶梯就在前方，我必须与你一起拼搏，一同迈入那随时为我们所有人而开通的通向成功的康庄大道。

五过程的琴音

047 班　赵梦菡

从上学期开始，我们便一改小学的学习方式，开始采用学案式“五过程”学习方法。起初，一张一张凌乱的学案纸，曾使我感到烦乱，但是，日子久了，它明确的板块划分，使我感到学习并不困难。

1. 明确的教学目标

每张学案开始，都会有三、四句话告诉我们这一课所学的内容和目标，使我们的学习不再是曾经的“填鸭式”，而变成了我们有明确目标的自主学习，我们如果有不明重点难点的时候，还可以参照下面的内容。

2. 精辟的学习重点

每一张学案上都会归纳一句精辟的重点，告诉我们该着重探讨什么，研究什么，使学文科不再枯燥的只是听，学习理科不再盲目的无重点。

3. 准确的学习难点

首先让我们明白这一课的难点，我们的注意力就会不自主地

“飘”向难点，所以，在不知不觉中，偏难的内容就会很轻松地学会，所以这一条的设问可谓是“摸”透了我们学生的脾气。

4. 贴心的学习方法

对于一些难以掌握学习方法而导致学不懂的同学来说，“学习方法”中简练精辟的六个字往往帮得上大忙。“自主”：我们可以自主探究，主动学习；“合作”：当遇到我们个人力量难以解决的问题时，团体往往给予我们很大的帮助；“探索”：如果没有探索创新的精神，难以在文理科立足。

5. 精密的教学过程

这一板块是学案中的一大部分，在这一板块中，每一个小板块都限制了精确的时间，彻底让我改掉了“磨蹭”的坏毛病，学会了合理利用时间，对我学习之余的课外生活所用时间的安排方法很有帮助。

五过程学习方式，不只让我的学习找到了极有效的学习方法，而且教给了我一生受用的时间管理方法，我的学习生活由于它而变得井井有条，我坚信只要是想要学习成绩提高的同学，利用“五过程”，一定会学得非常不错。

学案的使用使我学会了主动学习

044 班　曹静

以前，我总感觉自己是被动学习的，也总是天真地认为学习是为老师学，而与自己无关，但是自从上学期开始我彻底否定了自己的观点，开始了自己主动去学习。

上学期，学校采用了一套新的教学方法——学案式“五过程”教学法，所谓的“五过程”即自主探究、合作交流、师生互动、精讲点拨、巩固训练。从此，我的脑海中又多了一个新名词，它就是“学案”。

在刚开始使用学案的时候，我感到很麻烦，每天又比以前增加了很多作业，我有点吃不消。但渐渐的我感觉到越来越轻松，成绩也有了一点提高，同时更令家长与老师欣慰的是我对学习的态度有了很大的转变，从以前的被动学习变为主动学习，这就是使用学案的好处。

还记得刚开始使用学案时，班里的同学每天叫苦连天，我当然也不例外。我每天为了完成学案上的内容，都失去了玩乐的时间，可即便如此，有时甚至都不能按时交，也因此我开始变得更厌恶学习，尽管充满辛苦与无奈，我仍没有就此放弃繁重的学业。

就这样坚持了一段时间，令我吃惊的是我竟感觉每天写学案比以前轻松了许多，我也慢慢找回了对学习的兴趣。令我出乎意料的是我竟从此迷上了学案，迷上了主动学习。是学案的使用让我学会了自主学习，其实它让我学会的还有很多，例如和同组的同学合作完成一些问题与老师进行讨论等，但其中最为重要的还是学会了自己主动学习，自己为自己的前途负责。

学案的使用，可能会端正一个人的学习态度，提高对学习的兴趣，也可改变一个人对学习的认识，它还可以……

学会正确使用学案，学会把学习当作人生的一种乐趣，学会享受学习的酸甜苦辣。如果能做到这些，它们也将会为你的将来带来成功。

是学案的使用让我学会了自主学习。

学案式“五过程”自主探究学习

——学习更轻松

037 班　高宇升

“啊——愁死了，这么多笔记归纳起来真是麻烦死了，一会儿找那张笔记，一会儿找这张笔记，忙得我手忙脚乱，谁来救救我呀！”

人要是幸运呀，天上的馅饼追着砸你。去年学校决定用学案教

学，使学生学得省心，用得顺心。

以前没有学案，上课大部分是听老师讲课，很少动笔，所以同学们就犯糊涂，个个都像瞌睡虫似的，眼睛一闭一睁，一个重点就错过了，一节课也就这样过去了。老师、学生、家长都发愁啊！

现在可好了，有了学案后同学们的动笔次数多了，积极性也就调动了起来，上课那股子活跃劲儿别提多旺了，各个都神采飞扬。

这样一来，作业相比以前也少了，学案上的题在课上老师让我们做了大部分，剩下的留成作业，这样可以省下更多的时间来复习，这样不是两全其美吗？

每一张学案把每一课的重点都记在了上面，实用性很高。不像以前因为找不到笔记而苦恼，背起来也很方便，16开的纸便于携带、闲暇的时候可以拿出来背一背，再也用不着拿着一本书而觉得不方便，学案上除了课内知识，有时还延伸课外知识，使自己更充实。

“耶——”好高兴，这么容易就把所有的笔记都整理好了，可以有更多的时间复习了，我真的很感激“学案”给我带来的一切。

“五过程学案式学习”使我学会了自主探究

045班 李媛

曾经，我们总是在老师讲课过程中不善于主动在书上标注，甚至在复习时不知道哪一章内容是重点，盲目地背诵，以致重点疏漏，而不怎么重要的知识却滚瓜烂熟。这样一来成绩自然上不去。

就拿数学来说，以前课堂上做练习时，我们只是拿出练习本马虎地做一遍，甚至蒙混过关，反正老师也不检查。或者是做完练习之后东一张西一张地丢弃，直到快考试时，遇到曾经做过的题却绞尽脑汁也想不起来，只恨当初不在意地丢弃。如此速度虽然有了，但质量却未达到标准。

现在，有了学案感觉轻松多了。翻开学案，首先是自主探究，这主要是同学们针对老师提出的问题自行思考，大约8分钟左右，每个人都应该有了自己的成果和想法，这样，进入第二个环节：合作交流。将自己所探究出来的与同桌、小组之间交流、讨论，再将所得的结论融合起来，便算完成了这一任务。然后再进入第三个环节：师生互动。将自己在讨论、交流过程中所质疑的问题提出来，师生共同解决。既培养了我们的探索精神也更深入地融会贯通了知识。之后就进入第四个环节：教师讲解。本环节主要是老师将我们没有涉及到或是不能理解的内容和知识细细讲解、强化，做到万无一失。最后进入巩固训练的环节，本环节主要是我们对前面所学知识的运用和训练，做到学有所用。而这一环节所列题型是老师们精心提炼出来的例题，因此有助于我们提高自己。

作业写在学案上，老师批改时既可以知道我们的学习情况，又杜绝了蒙混过关，两全其美。

以前，我总在课堂上将别人的答案抄袭在书上，自己一点儿脑子也不动。后来有了学案，我被迫开始自主探究一些问题，每当得出一条结果时，我都很开心。之后，每次遇到难题，我都不会轻易放弃，而是要绞尽脑汁地思考，直到答案出现为止，因为我觉得自己通过努力获得的东西才是最美的。渐渐的我学会了自主探究一些问题，成绩也随之提高。

可以这样说，五过程学案式使我学会了很多，其中我最大的收获就是学会了自主探究，我真该感谢这使我改掉学习不良习惯的学案。

“五过程学案式教学法”让我学会了学习

044 班　张燕娜

随着课程的增多和不断深入，如今，压在中学生肩上的担子也越来越重，同学们的课余时间减少了不说，学习反而更加显得枯燥无味。那么，究竟怎么才能调动同学们的学习兴趣，真正将学习落实到位呢？为了达到目标，经老师们的认真思考和研究，终于提出

一个统一的教学方法，即“五过程”教学法。顾名思义，它的学习形式一定是分成五种了。而就是有了它的帮助，我学会了许多，下面就让我一同带领你去看看吧！

自主探究

一听这个词，便知道是让学生对所学内容进行独立学习、思考和探究了。以前的我从没有课堂自学的习惯，因此总是在上课时很盲从，没有思绪，很难跟上老师讲课的节拍。现在可不同了，有了老师在台下监督和指导，从而确保每个学生都动脑动笔，落实各自的学习成果。逐渐的，我慢慢有了自学的习惯，能力和速度也相应的培养了起来。

合作交流

“喂，甲同学，你倒是说话呀！一节课下来一言不发，还小组合作交流呢。”在一旁无奈生闷气的我说道。而现在的课堂可丰富了，同学们可以小组讨论，合作活动练习作业的相互检查和批改等，使简简单单的小组交流也有声有色。更让我在这一过程中体会别人的想法，学会互帮互助，在交流中学习。

师生互动

“这个反比例解析怎么求呢?”老师看着大家，眼里满是期待的目光，只见台下同学们个个眉头紧皱，紧咬下唇，眼睛直勾勾地盯着课本，手中的笔也在练习本上来来回回，“啊，我做出来了!”寻找声音的来源，原来是乙同学，全班五十六条射线齐刷刷地聚集在了乙同学的身上，随后，乙同学说完了他的解题过程，老师满意地点点头。在师生互动这一环节中，我也跟着大家一同思考学习，所以，我又从中学会了主动和探索精神。

精讲点拨

老师要给同学们传授知识了，只见老师在课堂上讲得津津有味，而台下同学也都认真地听着，不敢有一丝马虎，生怕错过些什么，因为课堂学习的最佳状态是教师轻松地引导组织全体学生去紧张地学习，而不是一节课教师讲得很紧张而学生却学得很随意。

巩固训练

要想学习好，这一关可不能少。是的，如果你学了一天的知识，下课后不巩固的话，随着时间的流逝，那些所学的知识有可能会逐渐淡忘，到头来也只是“竹篮打水一场空”，因此我便学会了对知识不断进行巩固练习、深入理解。

有了“五过程学案式教学法”的帮助，我学会了学习必不可少的五个要素，那就是：会自学、多交流、多思考、认真听、多巩固。相信有了这些，你也会学得更好。

五过程学案式探究学习

——使我的作业少了许多

037 班　高胜利

老师最大的希望就是我们成为成绩优秀的学生。所以想尽了一切办法让我们学好，为自己而努力。

去年，我们学校开始使用学案来从中学习知识，我们有的很高兴，但又有极少数的同学很苦恼，但不管怎么说这个学案都对我们的学习有着极大的帮助。

没有使用学案之前，我有时上课迷迷糊糊的，光靠记忆是不行的，只记忆，不动笔，就感到瞌睡，有时还容易走神，不认真听课，然后下课就开始问学习好的同学，那样太浪费时间了，我们在课后既要复习还要预习，有时还要做老师留下来的作业，哪有时间去思考问题，这样一天天的过去了，什么也没学到，老师一提问，什么也不会，哎！这多丢人啊！

自从用了五过程探索学习教学方法后，我心里感到舒服，因为在上课时，我们在边动脑筋，同时还边填写学案。这样就不容易走神，写完后老师还要提问，这样就没有人敢睡觉了，学会了知识又把作业写完了，至于课下老师只会留少量的作业，让我们去练一练

所学过的知识。

除了这些，学案还有助于我们的记忆，老师让我们把学案收好了，课下可以看一看。到了考试的前几天，我们把各科学案整理好，拿出来背一背，这样多好啊！

五过程学案式探索学习，看起来很复杂，但它可简单了，它不用我们花太多的心思去思考，好学的人只需看几遍就可以明白了，所以我们在做每一份讲学稿时都要细心，不要因为简单而忽略了它这小小的一张纸，它的功能还多着呢，它的各个功能都对我有天大的帮助，它是我们学好各科的前提，我们要把握好这些良好的机会，让它成为我们学习中最重要的一部分，让它成为我们永久的朋友。

五过程学案式自主探究学习

——提高了我的学习自觉性

038 班吴婧婷

自从学校开始使用“五过程”学案式自主学习后，我惊奇地发现，自己的自觉性提高了很多，总是每天自然而然地做了一系列题，却丝毫不觉得累。我想，原因大概有以下几点：

第一，学案是在课堂上师生共同完成的，一些不好解决的问题能当场弄明白，节约了时间；

第二，“五过程”的学习安排得当，恰到好处的习题量和新颖的题型，总给人新鲜感；

第三，自主探究栏目的设计更是让我们锻炼了独立完成各种疑难的能力，另一方面也激发了我们的学习兴趣；

因为以上的优点，学生们渐渐形成了自觉、自信的优良风气，我们更加充分地了解到知识的奥妙无穷，从而有效地提高我们的学习成绩。

以前，我总觉得有那么多做不完的作业和难掌握的知识，每天

总为那些烦心事发愁，于是成绩下滑也很明显。但当学校开始使用“五过程”学案式教学后，我发现作业没有那么多了，知识也都轻易掌握了，不知不觉中，大脑轻松了不少。最重要的是，它提高了我的自觉性，不用老师家长的督促，我就能自觉地完成作业，因此学习成绩也有了明显上升。

所以，我觉得学案式“五过程”自主探究学习是一种很不错的学习方法，不仅是它设计的独特与新意，最值一提的是它从多方面培养了我们学习能力。不得不说，学校里的老师们真是别具一格，能够研究出这么好的学习方法。在这样的环境中，我们怎能不去珍惜，不去努力拼搏呢？为我们的老师，为我们的父母，更是为了我们自己。

最后，真心地希望“五过程学案式自主探索学习模式”能培养出更多的优秀学生，更多地赢得师生们的好评，也希望更多学生因为学案的使用而更有效地提高学习成绩。

2. 教师感受

新课程改革是一个教育思想的更新运动，成功与否，与教师的思想观念有着极大的关系。课程改革不仅是课程设计的变化，而且是教学价值观的更新，是一种新的师生关系的构成，是一种新的教学关系创造。只有让广大教师积极参与到课改的实践中去，体验到课改的酸甜苦辣，新理念才能真正建立起来。因此，教师作为课程改革的直接实施者，他们对课堂教学改革的认识与感受，对课改的成败与否起到了至关重要的作用。

“五过程学案式主体探索教学”效果之我见

初中生物组　闫森梅

我校推行“五过程学案式主体探索教学”改革经历了一个很艰难的过程，现在终于迈出了成功的一步。从最初的“五过程”自主探究式教学到现在的“五过程学案式主体探索教学”，人人关

注新课改，人人研究新课改，人人参与新课改。几年来的“新课改”使我校发生了很大的变化。我把他概括为“三个改变”和“一个提高”。

1. 教师改变了

新的课程改革最终要使学生发生变化，那我们的教师首先需要变化。教师的观念、教师的角色、教师的教学方法等等都有待于转变与提高。以前，教师是课堂的主角，学生是配角；教师是主动的，学生是被动的。这就导致老师上课一言堂，学生因角色的被动而导致学习缺少主动探究的欲望，课堂沉闷。“五过程学案式主体探索教学”课改实验，使教师的教学观念和方法发生了很大变化，教师自身的教育教学能力和自身的专业素养也有了明显提高。

(1) 集体备课意识增强了。因为每节课的内容就浓缩在一份学案中，这份学案既是教师的教案又是学生的学案。只有认真研读教材，加强集体备课，才能集思广益，编制出适合教师讲授、又适合学生学习的好学案。

(2) 教学方法改变了。由教师教改为学生学，教师把课堂还给学生。这种“先学后教”的新方法要求学生在充分自学后，对存在的问题进行梳理归纳，然后再积极寻求解决的机会和方法。

(3) 教师变得轻松了。使用原先的教学方法，教师讲完一节课会感到很累。实行“五过程学案式主体探索教学”之后，教师在备课上下的工夫多了，课堂上变得轻松了。教师只讲学生不懂的内容，还可以利用“兵教兵”的办法减轻教师负担。

(4) 多媒体等教学手段的应用频繁了。新教材令人耳目一新，图文并茂，生动形象，以图代文，可读性强，但教材容量较以前大为增多，假如处理不当，很容易给学生带来更大的负担。为了解决这个问题，构建高效课堂，教师们积极主动地在课堂教学中使用多媒体教学手段。这些先进的手段将抽象的内容具体化，把难点、重点在课件中体现，增大了课容量。

2. 学生改变了

新课程改革在课程理念上突出了以学生为本的价值观，关注了学生的全面、自主、有个性的和谐发展和终身发展。在课程目标上致力于打好基础，促进发展；在课程内容上更加强调基础性、实用性；在教学方法上主张“研究性学习，自主探究与合作”。在教学中教师要变主角为配角，做学生的朋友；变教学为导学，变演讲为参与。学生要变配角为主角，积极发言，大胆质疑，参与讨论，主动探究。总之，新课程改革从学生学习能力、实践能力、合作能力、生存能力、创新能力等全方位的发展着眼。

(1) 学生全员行动了。在传统教学中，学生被动接受知识，听懂的学生跟着老师走，听不懂的越来越差，造成严重的两极分化现象，到了初三只能是少数学生的课堂。“五过程学案式主体探索教学”避免了这种情况。哪怕是最差的学生也能动起来，睡觉的少了，课堂纪律好了，成绩提升了。

(2) 学生听课效率高了。针对中学生持久性差的生理和心理特点，“五过程学案式主体探索教学”中有学生的自学与合作交流，有师生间的互动，有教师的精讲点拨，课堂活起来了。这就让学生不再是被动接受者，而变成了主动探索者；由“要我学”转变为“我要学”。

(3) 学生解决问题的能力提高了。“五过程学案式主体探索教学”给了学生更大的空间，让学生自己去理解，自己去探索，最后自己得出结论。这就提高了学生解决问题的能力。师生角色转变后，课堂教学发生了明显变化：师生互动的机会多了，学生思考的空间大了，学生实验的课时多了，学生探究的能力强了，课堂学习气氛活跃了，学习与现实生活的联系密切了。学生有自信了，学生会设问了，学生愿意合作了，学生思维开阔了……

3. 课堂改变了

新课改的实施，使学生不再是孤立的学习者。他们与同伴一起

合作学习，与他人分享学习与生活中的失败与成功的体验。师生之间以及生生之间的诚实守信、竞争意识、团队精神等合作品质都能得到很好的展示和提升。教师的角色发生了变化，由一个人居高临下转变为“学习共同体”。传统教学中，学生无条件地接受教师的一切灌输。而新课程不断地促进教师从知识的传授者、灌输者转变为教学活动的组织者、帮助者、合作者、服务者。随着新课改的实施，我们教师在课堂教学中，教授学生如何把书读懂、读透和如何搜集资料；而当学生搜集的资料老师并未见过时，教师就变成了学生。这一多维角色的形成改变了过去教师独占课堂、学生被动接受的方式。同时，教师还用自己的爱心与学生一起营造一个平等、尊重、信任、理解和宽容的教学环境。

4. 整体教学质量提高了

几年来，我们生物组全体教师对新课程改革经历了一个初识、了解、实践、反思、深化的过程，逐步由茫然不适转变为激情参与。新课程的理念逐渐为广大师生所接受；教师们的教学方式发生了较大变化，学生自主学习的意识和能力得到了加强，学校生物学科的教育教学也呈现出一派生机，新课程实验与推进工作取得了阶段性胜利。

现在我们可喜地发现：课堂变得规范了；课堂秩序变好了；课堂效率提高了；课后负担减轻了；中差生越来越少了，两极分化的程度大大减弱了。通过统考、会考、中考的检验，我校的平均分上升了，及格率提升了，整体教学质量提高了。

现在，当你走入东联现代中学的大门，你会发现我们的校园里到处洋溢着新课改的气息。新的课改让人精神振奋，给我们的教学带来了新的突破，给学生的学习提供了无限的创造空间，我们要不断地学习，大胆地实践，大胆地创新。我坚信在新课改的道路上我们会不断进步，走向更大的成功。

风乍起，吹皱一池春水

——走进“五过程学案式主体探索教学模式”

初一语文组　张兰云

风乍起，吹皱一池春水。

当我执教语文多年，已然是死水微澜，几乎没有任何一点想法与热情，教学生命如格式化电脑程序般划过……山重水复疑无路，柳暗花明又一村，忽然有如一股春风拂来，唤醒了我沉睡的心灵，我校“五过程学案式主体探索”教学改革轰轰烈烈地展开，让我犹如枯木逢春，重新焕发出勃勃生机……

说实话，我对这项教改一开始是非常抵触的，因为我认为教学是灵动的，尤其是语文教学，他活的灵魂是生成性、个异性……现在学校的“五过程”都“量化”了课堂程序，“样式”了教学模式，那我们这些语文老师还有什么张扬个性、展现才华、自主发挥的空间呢？这样的语文课老师们上着还有什么激情呢？这样的语文课学生还喜欢吗？

带着种种疑惑与不解，我观察着、思考着，比较着、践行着……

疑虑在践行中土崩瓦解、灰飞烟灭……

首先我在集体备课上肯定了这种模式的优势：设计每一份学案，组里的语文老师都齐聚一堂，共同商定课文的难点、重点、必须呈现的主要问题，从而保证了语文知识与能力得到落实，教师个性发挥的内容则需要老师在二次备教案时补充修订，这样既集中了大家的智慧，又保护了老师的个性空间，能不好吗？

“五过程学案式主体探索”教学一开始就关注学生学习的自主性，课堂上，我天天见证着学生在“自主探究”中先学后教，不教自学，悠然享受着那一份自学自悟的感觉，他们读课文，写生字，查资料，谈感想，怡然享受着自己对教材的理解，真是“采菊东篱下，悠然见南山”，没有老师先入为主的讲解，“我的地盘

我做主”，何等的惬意！

以往的教学中，课堂往往是教师自导自演的大舞台，教师滔滔不绝地讲着，目光穿越教室的天花板，声音回荡在教室的上空……偶尔夹杂着几个所谓的优秀学生的应景“附和”，大多数的学生则被动地听着，一些自制力稍差的学生则被这个磁场裹挟着，听着，应着，迷糊着，睡着……教学根本做不到面向全体，全员参与。可东联的“合作交流、师生互动”却成就了人人参与的局面：小组内互助互动，老师引领，全班补充，师生互动，思想共享……每个同学都有份，灵感互启迪，思维共激发，老师是组织者，优生当了引领者，中等生成了中流砥柱；后觉悟者也赶上了末班车……三人行，必有我师焉，这样的学习活动不亦乐乎？

五过程中，老师的“精讲点拨”也得到充分的体现。新课改老师不是不讲，而是要讲得精要，讲得恰当。在学生将悟未悟、将醒未醒之际，在“不愤不悱，不启不发”的时候大讲特讲，“该出手时就出手”，老师的引领与点拨让学生的思想得以完善，让学生的所得更上一层楼。

“巩固训练”是强化课堂所学，检验教与学效果的收尾阶段，师生查漏补缺、拓展延伸，“学而时习之”，其乐融融，让每一节课的收获落实于笔头，呈现于纸上“倚锄望，到处有青青之痕了”！师生都能够当堂享受丰收的喜悦了……

太多太多的感悟，纷纷涌向笔端……

感谢东联教改！感谢“五过程”让我再次燃起教书育人的激情，投入的爱一次，今生，有你，有语文，足矣。

风，又起，泛起圈圈涟漪……

我在“变”中成长

初一语文组　薛霞

孙悟空会七十二变，帮助唐僧取到了真经；变形金刚正因其能

“变”，而使孩子们玩兴不减，爱不释手；如果我能“变”，我一定要更好地驾驭、优化课堂教学，提高课堂教学效率，强化教学效果。

认识观念上的“变”

“观念”这种东西是最根深蒂固的，它的一成不变极大地限制了我们每一个人的发展和提高，教书十余年来，虽也经历了数次教改的洗礼，但也总是出现反复，很大程度上受制于原有的教学观念和思想。当今社会的高速发展对教育冲击极大，在整个教育中起主导作用的教师，如果不能用一种新的观念取代旧的观念，终将会被淘汰。初到东联中学，我本准备用我的老一套继续“上阵”，没曾想开学一周的“五过程主体探索教学模式”培训的“轰击”，让我不得不再次思索，想要在自己的工作岗位上取得更大的突破，看来，我必须得“变”。

师生关系中的“变”

“罗森塔尔期待效应”告诉我们：学生的进步是与教师对学生的关注分不开的，而良好的教学效果则是师生心理相容和情感交流的必然结果。从这个意义上讲，只有建立了平等、和谐、融洽的师生关系，我们的课堂才能重新焕发生机，教学效果自然不言而喻。

起初，习惯了传统教学思想的我总觉得自己高高在上，常以老师的头衔自居。我以这样的态度和学生课下交流，学生对我敬而远之。课堂上，学生学习兴致不浓，学习气氛沉闷，而这样的局面直到我的班长直言表露我才如梦方醒。仔细回看“五过程主体探索教学模式”的讲学稿，设计者的本意就是要给学生更多的思维空间，让学生真正成为学习的主人，但这一切都需要建立在平等、民主和谐之上。可悲我差点成为学生前进道路中的障碍，可幸我此刻已然明白。教师与学生，至少在人格上应该是平等的。这种平等，有利于教师增强服务观念，提高育人质量。课堂上有几声插话，可见学生在你课上至少存有轻松自由的心态。课堂下，身边总簇拥着

一些学生问这问那，游戏玩耍，我们应该开心，借此可以观察、了解他们。当真有一天学生远离自己了，我们岂不“孤独”？“五过程主体探索教学模式”下的师生关系使我顿悟，践行在“变”的路上。

教学方法中的“变”

教学的方式、方法“变”，可以体现在具体教学过程中，如语文教学中变序法教学，将重点或难点或精彩章节，放至课的开始，其他内容由此展开，分别讲明。这一点在“五过程主体探索教学模式”中也是十分提倡的，运用中自己感觉效果很好。也可以在教学手段上求“变”，当今教师所面临的课堂教学困难愈演愈烈，寻找优质高效的教学手段来辅助教学成为一个崭新的课题，我以为“五过程主体探索教学模式”的讲学稿正是实现教学方式、方法改革的一面旗帜，让学生自主学习、合作探究、质疑问难，教师只作精讲点拨，给学生更多的思维空间、表达天地、创意天堂，让学生真正成为学习的主人，把课堂真正还给学生，我想当今社会所倡导的素质教育目的不也正如此吗？现如今，在“五过程主体探索教学模式”中徜徉的我已逐渐成长。

我善“变”，我成长。

“五过程学案式主体探索教学模式”帮助我改变教学方式

初中政治组　李凤云

我校构建“五过程学案式主体探索”课堂教学模式。是坚持以人为本，关注学生全面发展，促进个性和人格的形成，为学生终身发展服务。其显著优点是发挥学生的主体作用，突出学生的自学行为，注重学法指导，强化能力培养，其主要表现为先学后教、问题教学、导学导练、当堂达标。倡导学生自主学习，自主探索，自我发现，自我解决，是学生学会学习，学会合作，学会生存，学会发展的有效途径。在实验过程中我们有过怀疑、有过困惑、甚至有过抱怨，今天，当我们回顾所走过的风风雨雨，我们却惊奇地发现阳光就在风雨后，就在我们对课改叫苦不迭的同时，其实我们早已收获了许多许多……

1. 教师的教学观念逐渐转变

在“五过程学案式主体探索”式课堂教学实践中，教师首先实现了教育的观念转变。我们认识到加强创新精神和实践能力的培养，是思想政治教育的重点；深化教学改革，优化教学过程，是思想政治教育的基本途径；“五过程学案式主体探索”式课堂教学是思想政治教育的基本教学模式，能全面提升学生的政治素养，促进学生全面发展，是思想政治教育的根本目标。教师教学观念的更新在使用学案过程中，充分体现了教师的主导作用和学生的主体作用。教师做学生学习的组织者、支持者和评价者，引导学生积极思维，培养学生的创新思维和创新能力。

2. 新型的师生关系，使我们体会到了做教师的快乐

“五过程学案式主体探索”教学过程是师生交往、积极互动、共同发展的过程。在新课程理念的指导下，课堂教学焕发了新的活力，呈现出新的气象。首先在课堂教学中教师进行了角色的转变，从传统教学的传授者转向现代教学的促进者、学习者、发现者、引导者、组织者、帮助者；它所要求的是教师与学生间平等对话亦师亦友。我们想方设法走进学生心灵，尊重学生、了解学生、理解学生、适应学生、为学生着想、为学生服务。而正是这种不经意的转变，师生关系融洽了，有什么忧愁，孩子们乐于向老师倾诉，有什么困难，孩子们愿意向老师求助，有什么建议，孩子们积极向老师提出。而正是从这种真诚的交流和合作中，在深深一鞠躬，轻轻一句问候中，老师品尝到了为人师者的快乐，获得了心灵的满足。

3. “五过程学案式主体探索”式教学模式让我获得培养良好习惯的成功

著名的教育家叶圣陶先生说：“什么是教育？简单的一句话，

就是要养成习惯。”政治教学除了培养学生生动活泼、充满活力地学习外，更重要的是要使学生养成良好的学习习惯，使学生学会求知、学会创造、全面发展，要达到这一目的，我觉得抓起始、打基础、重能力、促发展是关键所在。尤其要注重以学定教，狠抓学生自主学习能力培养。从上学年开始我校就开展了“五过程学案式主体探索”课堂教学改革。具体来说，“五过程学案式主体探索”教学模式分为五大块，即：自主探究，合作交流，师生互动，精讲点拨，巩固训练。学案发到学生的手里，首先通过教学目标引导学生对本单元要学习的知识及重难点大概了解。然后按学案的要求自主完成教学内容，通过这一学习过程：

(1) 培养学生自主学习的习惯。

自主探究的目的是让学生找出本学科的重、难点、发现自身存在问题。这样有利于学生抓住解决问题的关键，提高学校课堂质量，使学生能最大限度获取知识。

(2) 培养学生求准、求精的良好品质。

帮助学生转变了学习方式，倡导学生自主性学习和探究式学习，培养学生明确学习紧迫感和责任感，养成终身学习的愿望和能力；另外，教师注重培养学生获取信息、加工信息的能力，鼓励学生对教材的质疑和对教师的超越。而且依据学科特点，教师积极引导学生从事实践活动，切实提高了学生的动手能力和创新能力，培养学生思路清晰、严密推理非常关键，直接影响教学效果。而B层次班大部分学生都不具备这样能力，因此在讲学稿的设计教学中，知识精准，问题力求有梯度，要求学生能用精确规范的语言解答问题。

4. “五过程学案式主体探索”式课堂教学促使教学方法根本改变

(1) 激发兴趣引领学习。

兴趣是激发学生学习最好的老师，尤其对B层次班，培养学生学习兴趣能把学生潜在的学习积极性充分调动起来，把“要我学”变成“我要学”就能减少厌学面，提高教学质量。因此，在教学中我重视这方面能力的培养。例如：在讲授消费者享有的权利时，我没有急于给学生讲知识说案例，而是指导学生深入搜集身边的例子。首先从教材中的引例入手，教师再引导学生自己根据生活中的感悟，利用生活中的实例认识社会生活中有哪些侵犯消费者权利的实例，了解消费者享有的权利，保护消费者权利的相关法律及内在联系，教师再结合教材，让学生自己学习总结出消费者维权途径，通过这样的学习，不仅培养学生观察能力，分析能力，知识衔接能力，而且让学生亲自尝试整理知识，学习推理过程，加深学生对知识理解和记忆，训练学生有条理的思考和语言的表达能力，增强学生知识迁移的能力。激发学生自学兴趣。

(2)“要我学”向“我要学”的转变。

“五过程学案式主体探索”式课堂教学设计，其目的是让学生掌握学习的主动权，导入课题后，学生的主要任务是依据学案，以学习目标、学习重点难点为主攻方向，自学课文，主动自学设疑，寻找、归纳知识要点，收集知识信息和疑惑点，发现并思考问题，学会学习，学会自主探究。

教师指导学生自主学习探究交流质疑，要留出学生自主学习自主探究交流质疑的时间和空间，给学生内化整理的机会，挖掘每一个学生最大的潜能，引导学生知识迁移，学会运用，鼓励学生大胆创新，拓展延伸。学生在老师的引导启发下，拓展知识，积极探究，寻求结论，把新知识纳入个体的认识结构，进而有效提高学生学习的积极性主动性。

(3)“巩固知识”向“自我展现”的转变。

在合作交流中让学生以自我表现的形式，消化、深化知识，并内化成自身素质，张扬个性、加强合作，养成活泼自信的品格和团结协作的精神。在这一阶段，要求人人动起来。教师可以采用模拟

表演、对抗辩论、演讲朗诵、趣味游戏等形式鼓励学生动。学生在动中学，在学中动，在动中战胜自我，发展自我，在他动中发现不足，弥补不足。

(4)“运用知识”向“实践创新”转变。

其目的是让学生打破书本的局限，突破经验教训的禁锢，着力培养自己求异、求新的创新思维和敢疑、敢问的创新精神。

以培养学生的创新精神和实践能力为主要目的。强化学生的创新意识。比如，学生解答一个问题后，教师可提问：这是不是最佳办法？此题是否还有其他解法？换一种说法是否效果更好？这里是否有错误或漏洞？以此鼓励学生质疑书本，鼓励学生突发奇想，敢冒风险，鼓励学生动手实践，身体力行。

(5)“被动待查”向“合作交流自查互查”转变。

合作交流的目的是让学生通过同学间、师生间的学习体会和情感体验的交流，总结知识，体验学习方法由“被动待查”向“合作交流自查互查”转变。通过成果汇报、学习拾遗、几点补充等，让学生在相互的交流中，将所学的知识形成完整的知识体系。

总之，“五过程学案式”主体探索式教学，体现了学生为主体、教师为主导、教材为主线的教学理念。体现了“先学后教”的原则。“五过程学案式”主体探索式教学，主要是为了达到这样的目标：给学生一个空间，让他们自己往前走。给学生一个条件，让他们自己去锻炼。给学生一个时间，让他们自己去安排。给学生一个问题，让他们自己去找答案。给学生一个机遇，让他们自己去抓住。给学生一个冲突，让他们自己去讨论。给学生一个权力，让他们自己去选择。给学生一个题目，让他们自己去创造。充分调动其学习的主动性和积极性，使学生在轻松愉快的学习氛围中，积极参与课堂教学，达到激发学生学习兴趣，提高教学质量的目的。

尝试“五过程学案式主体探索”教学的收获

初二政治组　张春和

30年的教学生涯，不可谓不勤奋，不可谓不敬业，立足于三尺讲台，极力搜集材料，强化重点难点，讲解力求全面具体，分析练习力求细致到位，但始终不能从教师挥汗如雨，口干舌燥，学生昏昏欲睡的困境中走出来。精心设计教学过程，也只能在为数不多的“尖子生”身上看到教学效果。为了适应新课改，我校构建了“五过程学案式主体探索”课堂教学模式课改实验。在实验过程中，我曾有过怀疑、有过困惑、甚至有过抱怨，但在不断的实践探索中体验到了“五过程学案式主体探索”教学的许多好处，我收获了许多。

1. 树立“以学生为本”的全新的教育教学理念，在学案引导下，运用理论联系实际的方法让学生感悟、体验、内化知识，培养学生的创新精神和实践能力。尊重了学生的探究本能和个性，把思维空间留给学生，把自学方法教给学生，把学习的主动权交给学生，把自主时间还给学生。培养了学生自学兴趣、速度、能力和习惯，确保每个学生动脑、动手、动口，找到了解决问题的正确方法，使学生最终变厌学为爱学，由爱学到乐学、会学、善学、巧学。构建了高效课堂，体现了新课程的“先学后教的原则”。

2. “学案”发挥了集体备课的优势。每位教师在集体备课中都能积极参与讨论，发表自己的独到见解，互相借鉴，共同提高，共同进步。同时加强了教师的自我反思，将课堂变为研究的场所。为我们的学科组、备课组教研活动提供了一个有效交流的平台，为平时的研讨提供了一个核心话题。教师还可以对教材进行创造性的加工、改组或整合，力求条理清楚、环节紧凑，充分考虑学生的能力与习惯，针对课堂上出现的教学现象或某个教学问题，备课时要想到，教学中要做到，课后要反思到。以利于学生通过独立的学

习、思考、尝试与探究。为导学做好充分的准备。

3.“学案”使我学会了如何充分利用政治学科的特点指导学生自主探究、合作交流。彻底改变了教师传授、学生接受、死记硬背的方法。教会学生以积极态度参与，乐于探究、勤于动手，在学习中，教师与学生之间，学生与学生之间互相启发、互相激励、互相支持，共创、共享学习资源，分享学习成果。起到了“兵教兵”、“兵练兵”、“兵强兵”的作用。

4.“学案”使我学会了如何精讲点拨，彻底改变以往那种“不讲不放心；老师在讲台上自我陶醉，学生在下面浑浑噩噩；老师只为自己完成教学任务而不关心学生学的情况”的教学方式。教师依据小组反馈和自己收集的学习信息，进行精讲点拨，把易错易混易漏的知识薄弱点和对重点、难点、知识点的内在联系加以点拨疏通，抓住关键，讲清思路，明晰事理，构建知识网络，培养学生的分析能力和综合能力。“点拨”贯穿整个教学过程的始终。点拨并非代替，是因势引导，致力于引导学生自觉顿悟。精讲是善于化深为浅，化难为易，变抽象为形象，把复杂深奥的道理用新鲜、活泼、简明、流畅的语言帮助学生释疑解惑，使学生顿开茅塞，恍然大悟。比如当学生在自主学习中遇到不可逾越的障碍时，教师适当的点拨、激励，就会使学生思路畅通，信心倍增，减少挫折感，增加成功的体验。如果这时教师不讲，由学生在黑暗中摸索，学生就会一筹莫展，甚至灰心丧气，停止思考。这种情况重复多次，就会使学生积累一些痛苦的体验，始终走不出失败的阴影，学生就会灰心丧气，丧失信心。

5.“学案”减轻了学生课业负担。原来课下的作业在课中基本完成，从而减轻了学生的课业负担。在教学中，教师布置适量有梯度的巩固练习和作业。不同程度的学生有不同的练习，要求学生当堂完成，让每个学生通过练习既能巩固、消化所学的知识，又减轻了学生的作业负担，学生的学习兴趣增强了，教学质量得到大幅度提高。

通过三年多的改革实验，我们的思想品德课教学效果明显，学生成绩整体提高，在鄂尔多斯市的统考中思想品德课名列前茅。同时也验证了东联现代中学崭新的育人理念，谱写了东联中学的辉煌。

实践“五过程学案式”教学改革的感受

初中物理组　李顺义

东联中学开始推行“五过程学案式”教学改革，说实话，一开始我是难以接受的，让我排斥它的原因是这样的教学实在太浪费时间，效率太低。看着其他学校的教学进度飞快地往前窜，而我们的进度像蜗牛爬，心情就高兴不起来。往往忍不住就回到了传统的教学方法上去。似乎那憋了许久的劲头一瞬间释放出来，感觉心里踏实了。

但偶然发生的一件事却让我背后发凉。有一天50班的班主任李老师到我办公室找到我，对我说他们班的几个同学物理有点问题，希望我能抽点时间看看他们哪里出了问题。我一口答应了，在自习课上，把他们叫到我的办公室“诊断”。我问他们今天上的新课感觉怎么样？

孩子们都摇头，我又问今天谁没听懂，只见至少一半的同学把手刷刷地举起来了。那一刻，我突然感觉就像有一股迅猛的电流从头刺激到脚。我呆坐了好久才缓过来。我现在记不起那天我是怎么跟他们说的，只记得我当时那种感觉也许只是一种幻觉。虽然我自身感到课堂气氛热烈，同学们都学会了，但现实可能只是他们配合老师在“造假”，我被自己的教学给“骗”了。

第二天，我再以一种别样的心情用“五过程学案式”教学法上课时，看着学生在自主探究和小组讨论时的表现，我突然间发现了问题所在。原来好多小孩是很“义气”的，在少数同学经过学

习探究得到结果后，会毫不犹豫地把“成果”传授给其他同学，但这种传授仅仅是一个结果，没有任何探索过程和深度，而别的小孩得到这种“现成果子”转而又很高兴地告诉我，他们更愿意享受的是我对他们的赞赏和肯定，至于那成果到底是什么，对他们来说是其次了。他们看到我高兴他们也高兴。就在这泡沫式的热烈与高兴中，一错再错。

到这里，我内心的“生气”是可以想象的，我决定“揭穿”他们。于是我一个组一个组地参与到小组的讨论中。这下没的“混吃混喝”了，好多学生只好靠自己了。一节课下来让我措手不及的是学生的积极参与让我有点“招架不住”。

但结果却让我实实在在高兴了，作业的质量，学生做题的速度，课堂反应，知识的衔接，产生的效果出人意料，常常给我“惊奇”。甚至一个学生非要缠着我给他讲电压是不是提供了一种电场力。

“五过程学案式”用得久了，我的胆子越来越大，更加放得开了，对于学生们已经会的、理解的、能自学的、能自己解决的，我都放心地交给他们，只需将精力放在他们可能“偷懒”的教学管理上。教学的进度越来越快，容量越来越大。我有时常常担心是不是上得快了点，容量是不是太大了，但看着学生们不一样的眼神，我突然感觉自己原来已经进入了一辆战车里，这里已经没有弱者，战车的推动者早已不再是我。那就拼搏吧！

课改中的心得体会

初中地理组　范丽

我校从2007年提出集体备课，出台了“五过程学案式”主体探索教学模式，并付诸实施。在这两年半的课改实验中，体会深刻，获益颇多。

1. 集体备课，通用学案，有效地促进了集体备课的针对性，使集体教研变得日常化；另外，增进了教师间的协作交流，博采众长，集思广益，提高了备课的质量。

每位老师在设计学案时，经过了多方面的思考和斟酌，不同的人有不同的思维方式，每个人都有自己的长处和局限性。多人合作就可以取长补短，使学案的设计更加周全。另外，为符合个人的“口味”，多人合作设计出来的学案，灵活性强，操作性强。

2. 提高了老师的工作效率，减轻了学生的学习负担。

通过一人执笔，多人合作，使各方面信息在短时间内汇集于一体，使多种方法整合到一起，节省了老师大量搜集材料的时间。同时，在设计教法与学法的过程中，便于老师沟通，增加灵感。在轻松自如中工作，大大提高了老师们的工作效率。

学生在运用学案的课堂学习过程中，不需要太多的工具书，比如地理课，过去的课本、图册、练习册、笔记本等等都要出现在课桌上，而现在将所有的信息载体都集中在学案上，一书一案，课堂学习方便快捷，应用自如。

3. 学案的使用促进老师们提高专业技术水平。

由过去老师主讲、学生被动参与的教学模式，转变为现在的学案式教学，老师们在课堂操作中，要以学生为主体，讲、练、教需要科学设计，何时自主学习，何时合作交流；怎样精讲点拨，怎样师生互动，要从多方位、多角度调动学生的积极性。这就得要求老师们提高自身的专业素养，将学案、课本、地图、多媒体都能有机地整合到一起，便于学生接受知识、吸收信息和培养能力，这样老师才能跟上课改的步伐，促使新老教师的专业技术水平再上一个新台阶。

4. “五过程学案式”主体探索教学模式为学生的全面发展提供了平台。

心到、口到、手到，调动学生多个器官的活动，这是我们一贯主张的课堂效果。我们的学案就是根据学生的生理、心理特点，遵

循学校提出的“五过程”教学模式来设计的。课堂上围绕“自主探究、合作交流、师生互动、精讲点拨、巩固训练”这五个环节来操作。通过自主探究，培养学生接受新知识的能力，提高学生的主动性和积极性；通过师生互动、合作交流，可以培养学生的合作能力、表达能力和思维能力；通过精讲点拨，帮助学生突破难点，深刻理解；通过巩固训练，培养了学生归纳总结、复习记忆的能力。

课堂运用学案进行“五过程”的操作，既紧凑实效，又充实快乐。不仅给学生传授了知识，培养了能力，同时也使学生在学习态度、价值取向、心理发展等方面进入了良性循环的轨道，为学生的全面发展提供了历练的平台。

学案的使用如一年中的四季天

初中生物组　徐亚文

自新课改实施以来，各校都在努力探索新的教学理念在教育教学中的应用，试图找出适合自己学校的、有特色的教学方式和方法。我校在这次“改革”大潮中也不例外，为了把新的教学理念渗透到课堂教学中，我校经过多方学习和在教学中实践摸索，现已形成了以学案为载体的“自主探究、合作交流、师生互动、精讲点拨、巩固训练”的五过程主体探索教学模式。

学案在我校的出现和使用已有两年多，在这两年多来对学案的使用感受颇多，但真的要下笔写起，又不知从何入手，因苦于没有头绪而在床上辗转反侧，忽然觉得在这寒冷的冬季薄薄的被褥有些不够用，那使用学案的过程何尝不是如此呢？

1. 刚开始使用学案感觉就像过冬天

冬天寒冷难耐，总是不时地添加衣服，希望它快点过去。刚开始使用学案的感觉就像过冬季，因为感觉学案不如教案顺手，有关学案的设计、使用等都很模糊，所以很抵触这种新鲜事物。要使这

一阶段很快过去，同时感觉上好一些，平时不仅认真听取和学习我校教研室老师关于怎样将新课改理念与学案结合的相关培训，还经常在网上浏览各个学校使用学案、讲学稿或导学案的一些经验来充实自己，并将其运用在实践教学中。

2. 使用学案一段时间后感觉就像过春天

春天万物复苏，给人以希望，很多人都喜欢春季。使用学案一段时间后的感觉就像过春天，因经过一段时间的学习以及教学实践的摸索，学案如何结合教学实际、学生实际来设计，如何在课堂教学中使用都有了些头绪，似乎一切都逐渐地明朗起来，觉得学案的使用也没有那么难，而且与教案比起来它有很多好处：它更贴近学生的学习，不脱离课本，使全体学生都动起来，更关注全体学生，尤其是学困生；更注重对学生能力的培养；更容易分层教学，改变好的学生“吃不饱”，差的学生“吃不了”，还有一些学生“吃不好”的局面。所以我逐渐地喜欢上了它。

3. 学案使用熟了感觉就像过夏天

夏天满目苍翠，万物欣欣向荣。学案使用熟练了感觉就像过夏天，知道了如何设计学案，自己如何在课堂中当好“导演”角色，如何使学案和课本内容、多媒体等有机结合，一切都有条不紊，有序地进行，心情也豁然开朗了。

4. 现在及以后使用学案感觉应像过秋天

秋季硕果累累，到处是收获的喜悦。现在及以后使用学案应像过秋天的感觉，经过了这么久的使用，应该总结经验，寻找不足，不断改进。

现在介绍一下我们使用学案过程中的一点儿体会：

①使新的教学理念落到了实处。学案改变了旧教学模式下的“填鸭式”教学，它不仅体现了教师是学生学习活动的组织者、指导者、参与者，而且也充分尊重了学生是学习的主体，给学生充足的时间进行“思、听、说、议”。“思”即让学生进行独立思考；

“听”即要认真听其他同学的发言；“说”是要积极发表自己的看法，把自己的思路说出来；“议”即小组里学生的自评和互评。

学生使用学案进行学习，体现了教师的主导作用和学生的主体作用的和谐统一。学案本身就是以学生为主体、教师为主导的一种学习方式，所以教师在设计学案时要以学生的“学”为中心，备课时，不仅要备大纲、教材，了解教学目标、教材重难点、知识编排设计等，更重要的是要备学生，了解学情，研究学生的认知水平和已有的知识水平，使设计的学案有较强的针对性，同时还要考虑学法指导的渗透，使学生最终由“要我学到我要学”。当然，强调学生的主体性，同时教师要立足主导地位，肩负“导演”的责任。

②使用学案要注重课前准备工作。因为学案是需提前打印的，所以我们要提前一星期备课、定稿。我们所使用的学案是我组成员集体智慧的结晶。因我校实行的是集体备课，所以学案的编写我们分了两步：第一步，先个人准备。教师本人要根据课程标准和教学内容，阅读教参，查阅资料，研究教材和教法、学法，按照学案内容要求写出学案。第二步，集体研讨最终定稿。在集体备课时，对个人的学案进行交流，相互取长补短，共同确定出教学目标、问题情景、围绕每个知识点组织的学习活动、对应训练题以及相关的教学措施和方法。最后每个教师再根据本班学生的情况，把确定的学案适当地增加或减少部分内容，做到求同存异，更有针对性。有时为使学案的编写更加精细，我们就每人一节或一章内容，以便有充足的时间去编写。在集体备课时间后，再进行及时讨论、改进，以求更加完善。

③学案绝不是单纯的一本“习题集”。我们刚开始使用学案，进行学案编写时，几乎就是知识点的罗列，典型习题的汇集，没有引导性的语言，没有要探究的问题，在使用时感觉好像学案没有多大意义，达不到使用学案的理想效果，既体现不出知识的形成过程，也不能培养学生的能力，所以这样的学案也没有价值，或者根

本就称不上是学案。学案是为了学生而设计，教师在课前制定学案，要系统全面地把握知识内容，充分考虑到学生的学习需要，具有针对性、可行性，真正为学生自学提供了导向，避免学生自主学习教材的盲目性。

④在使用学案教学时，要注意学案中各个知识环节间的过渡与转换，设计过渡语进行转承连接，既增强知识间前后的联系贯通，又可调节课堂气氛，调动学习兴趣，激发学生进一步探求下去的强烈欲望。

⑤运用学案教学，使全体学生都参与到了课堂学习中，引导学生自主学习和探究活动，避免了好的学生“吃不饱”，差的学生“吃不了”，还有一些学生“吃不好”，学生意见大，老师上课难的现象。在课前编制学案时，老师要充分考虑学生学习的需要和学生的差异性。

⑥指导学生重视学案的整理和保存。学案具有记载性，能记录学生的学习过程和疑点。精心设计的学案，既有教学目标的知识要点，围绕重点内容的问题探究，又有学生对学习过程与结果的总结反思，是一份很有价值的学习材料。要指导学生依次整理、保存好每堂课使用的学案，并作为重要学习资料，在后续学习、考试复习时充分利用。从而使学生感受到学案的价值，重视学案的使用。

⑦要建立合理的评价机制，适时鼓励，以提高其学习兴趣。

总之，学案的使用，创设了富有生机和活力的课堂教学气氛，学生热情参与，进而由兴趣向进一步探索的方向发展，较好地解决了学习态度、学习习惯问题，转变了学生的学习行为，使学生的自学能力有了很大提高，同时也使所有学生都动起来了。学案的使用彻底打破了传统教学模式，促使教师树立新的教育观念，使学生的主体地位真正得到体现。

“五过程学案式”教学法的心得体会

初中历史组 王丽娜

“五过程学案式主体探索教学模式”在我校实施已有三年多时间。我是一名新教师，经过一个学期的学习和实验，使我对新的教学方法有了很深的感受。

我校学案的设计以学生的发展为根本理念，面向全体，因材施教，实现了全程性有效教学。“自主探究”就是让学生发现学习中存在的问题，了解本节课要学习的主要知识，自主解决教材和教学要求中的基础性知识和一般性问题，但是有些问题学生不能单独解决，怎么办？这就需要小组之间“合作交流”，共同解决学案上设置的问题，小组间不能解决的问题可以在课堂上向老师质疑。老师与学生的共同探讨，这就是“师生互动”、“精讲点拨”。“巩固训练”立足于学生学习中的问题和学习要求进行的针对性训练。巩固训练一般分为“基础题”和“提高题”。“基础题”部分针对学习目标设计一系列测试题，供学生课堂上检测学习效果，突出了学案的当堂检测反馈功能。而“提高题”引导学生实施课外拓展探究；为学生的进一步学习提供空间，有利于培养学生的学习兴趣。

经过一段时间的操作，我在讲课、听课、教研中感到了以下几点突出的变化。

1. 教师的变化

①学案替代了备课本，减轻了教师的负担。原来每位教师都要单独备课，每位教师备一节课需要 2 节课的时间。现在，使用学案，集体商讨 2 节课，一个备课组内的每位老师轮流执笔，而后共同讨论定稿。这样形成的学案供全组教师使用。原来一周每个教师要备 2 课时，现在每个教师一周只须认真备好 1 课时。显然教师的备课工作量大大地减轻了，这样教师可以把精力投入到辅导学生和其他方面。

②提供了师生、生生合作交流的平台。传统的教学，教师和学生之间的交流甚少，学生之间也是。教与学脱节，教学对象相互封闭，学生自学能力低下，课堂气氛沉闷，教学变得枯燥无味。通过学案的使用，给学生提供了合作交流的机会，促进了新的师生关系的形成，激活了课堂气氛。

2. 学生的变化

①替代了学生的作业本，减轻了学生的负担。在过去，学生每门课都要准备作业本，有的还分大本、小本，课堂本、课外本。现在，学生只需要一份学案即可顺利学习。在教辅资料泛滥的今天，学生的课桌上摆满了五花八门的资料。学生淹没在题海中，活泼可爱的他们天天与那一道道习题作战，个个变得萎靡不振，再也见不到昔日的笑脸。现在我校使用学案，大大减轻了学生的课上负担，迎合了时代的要求，找回了学生的笑脸。

②学案的使用提高了学生的自学能力。在以往的学习中，遇到陌生题，95%的学生选择放弃，而现在80%的学生敢于亲自动手，独立思考，找到解决的办法。对学案中的自学导读部分，90%的学生能够完成自学任务。

在2009年迎接市教学大检查时，我们学校的公开课全部实行学案式教学，受到检查组领导的称赞。在我校举行的月考活动中，同年级同班之间的历史成绩差距与以前相比大大缩小。原来没使用学案时，第一名班级的平均分要比最后一名的班级平均分高10～15分。现在，平均分差距在5分以内。我们取得了一定的成绩，我想我们在今后的教学中会更加努力，在学案的质量上下工夫，在教学艺术的提高上多想办法，形成和谐、平等、民主的师生关系，营造良好的课堂气氛。一句话：大力推广学案，激活课堂教学。

总的来说，我认为提高教学质量的关键在于促进学生的自主学习。尽管我校使用学案的时间很短，但我们取得了一定的成绩，学校和老师都重视学生自主学习的培养，都重视课堂效率的提高，都

减轻了学生过多的负担。课堂教学是一门艺术，需要我们教育战线的广大同仁积极钻研，努力提高教育教学水平，为培养活泼、幸福、健康、聪慧、能干的下一代而拼搏。

我校课堂教学改革改变的是什么？

初一数学组　杨雪秋

上学期来到东联现代中学，成为这个大家庭的一员。学校正在进行“五过程学案式主体探索”的课堂教学模式的改革，我有幸参与其中，感触很深。在这种新的教学模式下学生的学习状态和学习方式发生了巨大的变化，由过去的被动学习变成了“我要学”，由过去的“拿来主义”变成自己去创造。而我的教学观念也因学生而改变。

我校课堂教学中有一个重要的环节“自主探究、合作交流”，这个教学活动主要是让学生去独立地解决问题，因为这个年龄阶段的孩子是争强好胜的，每个学生都不甘落于人后，因此这个探究过程，刺激着学生，使他们的大脑处于活跃状态，他们想在老师和同学们面前展示自己，所以表现得很积极，而且学生一旦“学会”，享受到了成功，会感觉自己很了不起，增强了学习的信心，更有了学习的动力。即使有很多学生在这个环节中不能独立解决问题，但还有一个重要环节“合作交流”，让学生在小组这个和谐的氛围中充分发表自己的意见，去为解决问题贡献自己的智慧，这是多么值得自豪的事情呀！久而久之，学生们觉得数学不再那么枯燥、乏味了，从思想上变为“我要学”了。

看到学生的变化，我真正意识到课堂不应该是我们老师表演的舞台，它应该是真正属于学生活动的场所，自己过去的思想太狭隘了，需要认真反思。

过去总认为一个好的数学教师，要有精准的语言表达能力，在课堂上能把问题分析得清楚明白，把学生始终吸引在自己的目光下，乖乖地听着我们的分析，接受我们告诉他们的知识，今天看着学生在课堂上表现出来的那种活跃的思维，我知道自己错了，过去我们扼杀了学生的创造力，更提前结束了学生学习数学的兴趣。他们过去只是“拿来主义”，咽着我们咀嚼过的食物，很少能体会亲自咀嚼时留在唇齿之间的美好滋味，因此他们变得懒惰了，不愿意去思考了，也失去了学习的兴趣。因此我们要把课堂真正还给学生，让他们去尽情地发挥。而课堂上我们老师要做的不是讲授知识，而是如何激发学生的学习动机，唤起学生的求知欲望，让他们兴趣盎然地参与到教学的全过程中来，经过自己的思维活动和动手操作获得知识，体验成功，以良好自信的心态投入到学习和生活中。

在课改的实践中成长

初二数学组　苏文香

伴随着全国范围轰轰烈烈的课改大潮，我校的课改也迈上了新的台阶并逐渐成熟。我作为一名普通的数学教师亲身经历并体验着教育改革给教师和学生带来的巨大变化。就此有感而发：

1. 教师方面

①备课精细了。

使用学案以来，以前自己备课被集体备课所代替，一次成型被三次审核所取代，课前准备教案变成一周前出初稿，所有的备课工作都有备而来，使学案在使用过程中更具可操作性、高效性，真正体现了人性化的设计和普遍的适应性。

②上课更灵活了。

学案的设计是以“先学后教、先练后导”为前提的，因此学生在自主探究环节中更能体现出本人的思维过程，因此往往使问题解决的方法多样化，经常出现比教材出示的方法更简单、更容易理解。因此教师的课堂也就灵活多样，充分体现了以学定教的教育

理念。

2. 学生方面

①学生积极了。

与传统教学方法比较，学生的表现机会增多了，例如上黑板板书、实物投影都是学生非常想表现的机会，学案的使用目的就是把课堂还给学生，比起听教师讲课，学生更愿意自己表现。

②思维灵活了。

面对每一道没有任何人提示的探究题，学生不再总依靠教师的讲解，更多的是自己努力思考，争取最短的时间先于同学做出，在这种思想的指导下，不断培养出学生独立思考的好习惯，为他们发散思维的培养奠定了基础。

③做题效率更高了。

教师在备课时已经把本节课能做的题都打印在了学案上，因此也省去用作业本抄题的过程，更多时候直接写就可以了，因此与以往相比，在相同的时间里学生完成的题量更大了，并且我们还特设了分层作业，即必做题和选做题两种，有不同能力的同学相应完成，比以往的“一刀切”更具人性化。

以上就是我在使用“学案式”五过程教学模式中的一点体会，总之，改革与创新是时代进步的要求，我也相信“学案式”五过程教学模式在不断改革和实践之后将会更加实效、可行。

浅谈新课改背景下地理学案教学

初中地理组　侯英梅

新课程致力于学生学习方式的转变，它要求教学过程是互动的。如何在地理教学中体现新课改精神，让学生真正参与到教学中来，不是被动地学，而是主动地学，学会学习呢？这就要求教师站在学生的角度来思考学生会怎样学习。由于“学案”是站在学生的角度设计的，因此具有的典型特点是有利于学生的自主学习：对

于激发学生的学习兴趣，培养思维习惯，自主构建知识体系和落实学习过程等起着重要作用。正是由于学案所具有的这些特点符合新课程理念又便于操作，所以在地理教学中，我们以此为抓手实施新课程教学。

1. 实施“学案”教学取得的初步效果

实施地理“学案”教学已经一年半，可以说初见成效，主要表现在以下几方面：

①学生的变化大。

通过使用学案，学生不再是被动地学习，而是主动地参与，积极性很高。我们设计的学案，一般是在上课前3～5分钟发到学生手中。我们的学生，现在只要一拿到学案，就会主动地去看书，然后自己试着整理知识体系。上课时学生依照学案在教师的引导下主动参与学习，积极思考问题，形成了良好的学习习惯。在平时测验和地理统考复习中，学案更是发挥了引领的作用，在知识体系的构建、学科能力的培养、知识的落实上，发挥了一定作用。一些学习基础较薄弱的学生，因有了学案，复习时有了抓手。一些原本不太喜欢地理课的学生也开始喜欢地理课了，他们说：“原来以为地理课很难学，其实没那么难，学案上的有些题我也能独立做出来。地理课挺有意思的。”不仅如此，学生的思维得到了拓展，探究能力也得到了提高。

②教师素质的提高。

以“实施学案教学为抓手，深化新课改”这一探索，教师的观念和教学方式发生了很大变化，课堂不再沉闷，不再是教师的一言堂，现在的课堂气氛活跃，师生互动、生生互动，随时可见。真正地将课堂教给了学生。在提高学生学习能力的同时，教师的专业能力也得到了提升，可谓是教学相长。我们独立开发了初一和初二地理学案，以及初中地理会考复习学案，深受学生欢迎。教改与教学获得了双丰收。

③课堂教学效率的提高。

在实施“学案”的教学中，由于增加了科技含量、知识容量和学生思维量，讲练结合，正确处理了学生“减负”与增效的矛盾，提高了学生的地理素养和学习能力，使地理教学有条不紊，提高了整个课堂教学效率，很好地体现了课改的精神。此外在实施学案的过程中，学习成果和评价形式等方面也发生了一些变化，我们更注重了过程性评价与结果性评价相结合。

2. 实施“学案”教学需注意和进一步探索的问题

①“学案”的设计一定要有可操作性，讲求课堂的时效性，切莫流于形式。

“学案”以提纲的形式发放给每个学生，在教学实施过程中要给予学生充分的学习时间，让学生去思考、归纳和整理。要有程序、有梯度。但一定要在课上完成，不要给学生增加课外负担，讲求课堂的时效性。

②“学案”的运用要与教学管理挂钩。

“学案”的运用要与教、学、讲、练、考相结合，检查与评价相结合。“学案”的运用只有与教学管理挂钩，才能发挥学案的真正作用。

因为学生的学习能力、学习态度和自觉性是有差异的，使用“学案”一定要检查，检查的方式可以是在课堂上师生的交流之中，或者生生交流之中，可以是让学生交“学案”（作为作业）进行检查，也可以通过测验进行检查。评价要及时，通常我们采用的评价有两种：在师生交流过程中的及时评价与考核评价。考核评价可以使学生自己知道学习成效及相对状况，可以使教师了解学生状况并为教师改进教学和学生后续学习提供具体的依据。

③对教师和学生提出明确的要求。

我们对学生的要求有三：用好、填好、留好。“学案”作为课上的学习材料、学习的依据和指导，要高效完成，做到“人人动脑，人人动手，全员行动”。学生要认真填写，并且要保存好，作为复习材料。对教师的要求：要恰到好处地用好，不做无用功，再忙再累也要及时检查，并记录在案（作为平时成绩）。每节下课时就收，有时内容没完成，下次完成就收，这样不给“懒”学生制造偷懒的空间。

当然，“学案”的理念有待于深化和拓展，而我们的“学案”教学还存在很多不完善的地方，今后我们会继续努力，争取让它更完善。

我与“五过程”同成长

初一英语组　贺静

作为2009年分配到东联中学的一名新教师，我满怀期待与激动来到了学校。在开学的新教师培训大会上，我第一次接触了“五过程”。“五过程”对我来说是那么的陌生，在学校领导的讲解下我逐渐了解了这种教学模式。“五过程学案式主体探索教学”简称“五过程”，就是在新课改理论基础上，组织学生进行“自主、合作、探究”式学习，引导学生自主探究，合作交流，强化认知过程和学习体验，注重知识运用和学习能力的培养，从而切实贯彻落实新课程课堂教学的“三维目标”。经过一个学期的使用我觉得“五过程”与我像两个一起成长的孩子。因为“五过程”在学校试行了仅仅一年，而我更是初为人师，我们都需要在反复的设计、使用及反思中不断地提高，不断地历练。

在学案的设计中

学案的设计首先要通过大家的集体备课。在集体备课的过程中我真是受益匪浅。集体备课的过程是主备人讲解自己的备课思路，经过备课组成员的集体讨论，最后形成普遍化的学案。经过一个学期将近十次的集体备课，我们英语组的学案一次比一次合理，一次比一次更符合学生的学习规律，一次比一次更能突出“五过程”。

我也在这一过程中成长起来。起初备课时我严格遵循课本章程，后来勇于对教材进行大刀阔斧的整合，从不能抓住知识点到不放过任何一个要点。

在学案的使用中

通过集体备课的学案具有普遍性，但是每个班的学生具有自己的个性与特点，所以不能直接将学案拿过来用。在使用前要根据自己所在班级学生的特点及学习习惯加入个性化的内容，使学案成为集体备课与个人备课的良好结合。我也学会了如何因材施教。

在课堂上使用时，我深深体会到了“五过程”的优越性。“自主探究”使学生学会预习并且能将预习落实得更到位，最重要的是能够激发学生的兴趣与学习的欲望。“合作交流”将小组讨论合作共同解决问题发挥得淋漓尽致，提高了学生的合作意识和解决问题的能力。“师生互动，精讲点拨”抛弃了传统的老师教条地讲、学生机械地学，而是学生不断地提出问题老师帮助解决问题的过程。“巩固训练”就本课所学知识点进行及时巩固与强化。“课后作业”设置有梯度的作业，符合各个层次的学生，让所有的学生都能动手，都能有所收获。在这一过程中我也逐渐摒弃了传统教学中牵着学生走路的思想，而是学会放手。放手让学生自己探究新知，放手让学生自己解决问题。让学生在学习的过程中学会知识，更学会学习的方法，提高学习的能力。

在学案使用后

学案的每一页都有一个“课后反思”，学生反思自己本节课学到了什么，在哪些方面还可以更进一步。老师反思本节课在知识的传授中以及课堂管理方面的缺失。我曾经认为老师讲完课就万事大吉了，其实课后反思才是真正提高自身业务水平的开始。每天讲完课后我也认真地思考今天两节课中哪些应该改正，哪些应该继续提高，哪些应该继续保持。反思这一过程能达到事半功倍的效果。

我校的“五过程”教学模式经过全体教师的努力逐渐趋于完

善，吸引了许多学校的同行来我校参观，是我们引以自豪的事情。但是更值得我激动的是在使用“五过程”的过程中我也慢慢成长为一名合格的人民教师。

我们希望在新课程理念的指导下，让我们的课堂充满生机和活力，让我们的教师彻底“解放”。不管是对教师，还是对学生，也同样的要做到吹面不寒，润物无声，让广大师生尽情舒展自己鲜活的身躯和思维，共同协调发展。

第二章 “五过程学案式主体探索教学模式”的理论内涵与基本观念

一、“五过程学案式主体探索教学模式”与新课程理念

如何实施新课程下的课堂教学?《新课程标准》权威的阐释已给我们提出了明确的要求，其核心思想就是：体现“面向全体学生，关注每一位学生的个性发展”的教育思想；实现“知识与能力、方法与过程、情感态度和价值观”的三维目标；落实“先学后教、以学定教”的教学过程；提倡“自主、合作、探究”的学习方法。新课程教育教学思想确立了学生的学习主体地位，既然学生是学习的主体，教师就应把课堂还给学生，随即摆在教师面前的就是“如何把课堂还给学生”?“如何引导组织全体学生进行有序高效的课堂自主学习”？要解决这两个问题，教师的关注重点就必须转移，转移到对学生学习心理、行为和学习方法的研究上来，要真正读懂学生，才能更好地实现“以学定教”。

我校推行的“五过程学案式主体探索教学”就是以新课程教育教学的思想为理论指导，深入研究学生的学习心理、行为和学习方法，并科学合理地切实贯彻落实在课堂教学设计和实际操作中，构建了新课程改革的高效课堂。

1. 课堂教学要真正体现“面向全体学生，关照每一位学生的个性成长”的教育理念

目前，我们的课堂教学普遍存在的一个低效问题就是后进生的

学习低效，整体上讲，初一入学的后进生到了初三毕业依然还是后进生，基本没有什么改变。原因是什么？一是教师课堂教学偏重于好学生的关注点没有改变，二是教师的主讲地位没有得到根本改变，课堂上学生的学习主体地位没有真正落实，后进生得不到应有的关照，学生学习方法依然被动。对好学生而言，教师无论用怎样的形式他们都能自觉地学习，跟得上，学得会。而后进生则不然，他们缺乏好的学习习惯，学习能力较低，课堂上，教师如果经常性的只是运用适合于好学生的讲法，而对中差生学习缺乏足够的监督和关照，缺乏适合于他们的学习方法设计，这些学生就必然会长期游移在学习的边缘，少学甚至不学，以致学习低效，进步缓慢。这种教学形式，很难说是真正体现新课程“面向全体学生，关照每一位学生的个性发展”的教学理念。

有的教师认为“满堂讲”、“满堂问”教师面向的都是全体学生。其实不是这样，“满堂讲”不是真正意义的面向全体，因为我们无法知道有多少学生在注意听讲，有多少学生在走神；“满堂问”也不是真正意义的面向全体，因为即使教师问遍所有学生，每位学生“说”的时间也不过一分钟，其他学生 39 分钟的时间依然都在听，那么，同样存在上述问题，不能使所有学生真正参与到学习之中。

有这样一个故事：一位日本教育专家到上海一所名校听一位优秀教师的课，课结束后，这位教师自我感觉讲得很成功，也赢得听课的中国教育专家一致好评，中国教育专家请日本专家对这节课做点评，日本专家只问了讲课教师两个问题：

（1）你为什么只叫举手的学生回答问题？

（2）你为什么总是期待学生回答问题是正确的？

讲课教师和在场的中国教育专家愕然——

日本专家确实问到了我们课堂教学的要害之处，目前，我们大部分教师的课堂，就是以完成课本教学任务为唯一目的，绝大部分

时间教师是主讲、是主角，作为主角当然希望配角们配合得好，叫举手学生回答问题，正确的概率大，有利于顺利完成课本教学任务，于是，课堂的学习形式只停留在教师与少数学生的互动上。至于那些不举手的学生，可能是因为不会，也可能是怕回答不正确，但这都是教师不愿意面对的，这些学生的课堂学习状态怎样，学习效率如何，也不是教师的关注重点，因而，“关照每一位学生的个性成长”在实际课堂教学中往往成了一句空话，这样的课堂教学有时尽管很精彩，但很难说是高效的。

课堂教学要真正实现“面向全体”，教师课堂的关照重心就应下移到后进生的学习状态上来，设计适合他们能够积极参与的学习形式，让他们积极参与到学习活动中来，激发他们的学习兴趣，逐渐培养他们正确的学习态度、方法和习惯。只有这样，“面向全体学生，关注每一位学生个性成长”的教育理念才能落实，整体课堂效率才能提高。

2. 课堂教学要努力实现“知识与能力、方法与过程、情感态度与价值观”的三维目标

目前，虽然经历了数年的新课程改革，但教师对新课程课堂教学应实现的“三维目标”依然缺乏较深刻的认识和理解，尤其在应试教育思想的主导下，讲授知识依然是教师课堂教学唯一的目标，教师台上讲，学生台下听依然是课堂教学的常态和主流。学生课堂自主、合作、探究性学习方式仅是公开课的展示，没有形成课堂教学的常态，课堂由于缺乏有效学习方法和过程的辅助，学生不仅对书本知识的理解和掌握效率不高，还在自学能力的提高、方法过程的落实以及情感、态度、价值观的培养和形成上显得更为低效，以至于大部分学生初一不会自学，到了初三依然不会自学；入学缺乏学习兴趣，离开学校依然厌倦学习。

新课程把“方法与过程”设定为课堂教学目标，抓住了课堂教学的关键，既然实现“三维目标”的关键点是“方法与过程”，那么，课堂教学的着力点就应放在“方法与过程”的落实上，课堂学习只有高效地落实了“方法与过程”，才能实现学生学习能力的提高，才能使学生主动地获取更多的知识，才能逐渐培养对学习的情感和态度，才能有利于正确价值观的形成。

课堂教学效率的高低，取决于对课堂教学目标的实现程度。新课程思想下的课堂教学，只有真正落实了新课程的“三维目标”，课堂才能说是高效的。

3. 课堂教学应大力提倡“自主、合作、探究”式的学习方法

组织学生进行“自主、合作、探究”式学习，是教师在课堂上切实实现上述新课程教学理念的有效途径。“自主、合作、探究”不仅是课堂学习方法，也应是教师对学生的培养目标，我们的课堂教学就是努力用这样的方法来形成学生这样的品质。现在的学生，虽然表现出强烈的个性，但能力低，在生活、学习上对家庭和教师的依赖性都很强，缺乏独立的能力，同时由于习惯性的依赖也缺乏与人合作的意识与能力，这极不利于今后人生的发展，直接导致的后果就是今后的人生缺乏自主独立性，缺乏探索开创精神和合作精神，而这些又都是未来社会对人才必须的素质需求。所以，“自主、合作、探究”式学习不仅仅在于提高学生课堂学习效率，更在于提高学生今后的人生生存的效率。

“五过程学案式主体探索”课堂学习模式，就是从研究学生入手，很好体现了上述“面向全体，关注每个学生的个性发展”，“先学后教，以学定教”，“自主、合作、探究”，“知识与能力、过程与方法、情感态度价值观”等新课程的教育教学思想、原则、方法和目标，构建了新课程改革的高效课堂。

二、“五过程学案式主体探索教学模式”以学定教的思想

叶圣陶先生说：“教，是为了不教。”人的一生有很长一段时间需要通过不断自学来获取新的知识，教师的教学任务不仅是教会学生眼前的课本知识，更应着力于培养他们的自学习惯，提高他们的自学能力，激发他们的自学兴趣，形成良好的学习品质。当然，现实地说：教师最直接的教学目标是提高学生的学习成绩，但深层的分析，上述诸多的非智力因素对学生的学习成绩起着极为关键的作用。无论“应试教育”还是“素质教育”，这些非智力因素都在起着重要的积极作用。

“教，是为了不教”，这不仅需要教给学生学习的方法，更需要给学生创设大量的自学探究的实践过程，在不断的尝试性自学探究过程中，提高能力，形成习惯，激发兴趣。

“先学后教”：就是为学生创设这样的自学探究过程，达到“教，是为了不教”的目的。但目前许多教师在这方面仍然认识不足，总是“讲”在前面、“教”在前面，学生不会学，教师不放手，学生总是被动地听、被动地答，自学能力提不高、自学习惯形不成、学习兴趣激发不起来。以语文学科为例，即使到了初三，大部分学生独立分析文章内容结构、分析语言、分析人物的能力依然很差，少部分学生虽然能做分析，但速度又很慢，而这些都是语文教师三年来每课必讲的内容，为什么会这样？就因为我们教师讲得太多，对学生缺乏充分的有计划的自学能力培养，缺乏“先学后教”的过程。其他学科也是如此。

“以学定教”从两方面而言：一是教师在学生自学的基础上，根据自学过程中存在的问题进行随机施教；二是充分考虑各层面学生的学习状况，设计适合于全体学生参与学习的有效方法，将随机与预设有机结合起来。

“先学后教，以学定教”的核心就是“学”字。说到“学”字，我们先看一下繁体的学字的写法——“學”，从中可以看到我们的祖先对学习的理解，对我们有些什么启发呢？

学校里的学习，既不是学生一个人一个人的孤立活动，也不是没有教师介入而进行的活动，它是在教师的介入下，学生自立、合作地进行活动，这才是学校中“学习”的本质。其实关于学习的本质意义，在中国的繁体字“学”字的结构中可以看出，这个字包含着有关于思考“学习”究竟是什么的重要线索。首先看上部的中间是两个×表示“交往”的意思，上面一个×表示祖先的灵，也就是和文化遗产交流（自主探究，与教材和学习材料交流），下面一个×表示学生之间交往（合作交流）的样子。那包含着×的两侧，形为大人的手，意味着大人千方百计地向儿童伸出交往的双手（师生互动），或者说，表示大人想尽办法支持学生在交往中成长（精讲点拔）。当然，我们知道学而时习之，需要操作演练（巩固训练），这个环节不能少，且非常重要。

中间的宝盖“冖”是教室，下面的“子”字表示学生，繁体“学”字的下半部分寓意为学生在课堂上。

通过上面的分析，中国古代的繁体学字，将以“学”为中心的教学状况表现到了极致。教室里正要构筑这样一种关系，即学生在相互交往中共同成长的关系，开展这种能触发与支持这一关系的人就是教师。而现在的“学”字的上部所表示的是各自朝不同的主方向发展，因而相互联系共同发展的关系就崩溃了。

从以上对繁体“学”字的分析，不难看出现在新课改所提倡的“自主、合作、探究”其实就是中国古人对学习形式的理解。我们东联中学所总结和推广的“五过程主体探索教学模式”完全符合学生的学习过程，其实也是在现代教育理论指导下的对中国传统教育思想的回归。

采用学案教学的方式，更容易实现“以学定教”。传统的做法是教师在上课之前要认真编写教案，之后依据教案来上课。这样做，容易出现的问题是：①教师在编写教案时，往往可能站在自己的角度考虑问题，容易偏离自己的教育对象，缺乏对学生、学情的研究分析；②教案中的文字多为教师的理解，容易因习惯或惯性而导致课堂上教师总想多说点，使教师的角色定位不准；③因为教案编写的“规定性”，在问题的设计方面，往往很难体现容量大、有梯度、重难点清晰、每个环节目的明确等要求。而学案是在教师二次研究教材和研究学生、研究学情的基础上针对学生编写的。学案是教师站在学生的角度对教学内容的研究，是教师依据学生的认知水平、知识经验，为指导学生进行主动的知识建构而编制的学习方案（或师生协商制订的学习方案）。教师在设计学案时要针对教材、教学目标和学生实际，考虑问题的数量、梯度、形式以及是否具有启发性和趣味性，是否符合学生的认知规律，要考虑教学内容中学生掌握的基础知识和基本技能等，所以，设计学案在编写阶段就已经让教师站在了学生的一边。学生也能够通过容易读懂的学案，很快地了解教师在课堂上要做什么，自己要做什么。课堂是一个又一个问题的处理过程，教师通过学案把问题直接呈现在学生眼前，学生根据“学案”设计充分预习，带着问题到课堂进行交流、合作、探究。由此可见，学生按学案去学，去掉了过去学习时的被动和盲目，找到了主动学习的支点，有利于养成学习习惯，有利于获得更有价值的信息。

三、“五过程学案式主体探索教学模式”体现师生共同和谐发展

“五过程学案式主体探索教学模式”着眼于人的素质的培养，借鉴了“和谐”教学的理论，让教师和学生都得到和谐全面的

发展。

和谐是真善美的统一，是事物存在的最佳表现形态，是一切美好事物的共同特点。教育的和谐，就是要建立和谐的学习氛围。加强师生情感的交流，把学习的主动权交给学生，掌握好学生参与教学活动的时间，多方设计，步步引导，使学生处于热烈的找寻知识奥妙的活动中。面向全体学生，让各种类型的学生都有提高，都能感受到成功的喜悦。

首先，和谐是一种指导思想：在教学的过程中，各种教学要素如果配合得合理、恰当，到达一种和谐的状态，它们就会形成一种合力，促进课堂教学质量的提高；相反，如果它们配合得不够合理，就会形成一种分力，每种要素不但自身的优势不能发挥，还会抵消掉其他要素的功能，直接影响教学的效果。其次，和谐是一个动态的过程。在教学过程中，各种教学要素是处于不稳定、不平衡的矛盾状态，和谐是暂时的、相对的，从不和谐到和谐，又会出现新的不和谐，从而在更高的层次上到达一种新的“和谐”。正是这种矛盾运动，推动了教学过程的不断发展，使教学过程处于一种动态的平衡与协调状态。教师的作用就在于准确把握各种教学要素和环境的变化规律，及时地调整各种要素的搭配关系，使教学过程始终处于一种动态的和谐状态。第三，和谐又是教学的目的。和谐是一种完美，是自然界、人类社会、人类思维存在的最理想状态。教学的最终目的，就是培养德、智、体、美等各方面和谐发展的人。所以在教学的过程中，不仅要向学生传授知识，培养一定的技能，同时也要进行思想品德的教育，要使他们的身体和心理健康，要有机地进行审美教学。和谐教学的目的，不仅仅是为了提高学生的学习成绩，更是为了培养学生整体素质，培养全面、和谐发展的人。

从以上的分析可以看出，和谐既是一种教学指导思想，又是一个动态的优化过程，也是教学所追求的最终目的和最高境界。教师、学生、教材、教法是教学过程的四个最基本要素，教学过程的

四个要素又是四个子系统，每个子系统又由许多因素构成，每个子系统因素之间是否和谐，又会影响到教学过程母系统的和谐。也就是说，在教学过程中，任何一个系统的不和谐，都会导致整个教学过程的不和谐。

1. 教师

教师是教学过程的主导者，是教学计划和教学意图的具体执行者，教师自身的素质如何，直接影响到教学的质量。教师感悟并实施和谐的课堂教学，是思考生命的真谛、寻找生活的意义、体验生命的情感、感受生命的律动、创造生命的价值和辉煌的职业追求。教师的素质包括教学态度和教学能力两大方面。这两方面只有和谐一致，才能取得良好的教学效果。

教师的教学态度首先取决于他的教学思想，他必须真正热爱事业，真正热爱自己所教的学生。既然你选定了教师这个职业，就要以全部的情感义无反顾地投身于其中，任何的彷徨、犹豫与患得患失都会成为成就这项事业的绊脚石。教师自身和谐发展的过程，就是教师自身努力工作的过程，就是树立教师职业美好形象的过程，就是每个教师为着崇高的教育事业而奋斗的过程。教学能力，包括教学的语言能力、板书、板画和操作教具的能力、钻研教材的能力、灵活运用教学理论和教学技巧的能力、观察学生的能力、课堂组织能力等等。这些能力哪一方面的欠缺，都会导致课堂教学的不和谐。所以，我们的教师必须通过不断学习，努力提高自己的教学能力。

2. 学生

学生是教学过程的主体，学生自身各方面的素质是否和谐，直接影响到课堂教学的效果。

首先，是学习动机与学习方法的和谐。动机与方法的关系，实际是爱学与会学的关系，爱学是前提，会学是手段。正如孔子所

说：知之者不如乐之者，乐之者不如好之者。如果学生有了强烈的学习动机和浓厚的学习兴趣，他就会千方百计地想办法学好，如果他不想学习，再好的方法也不起作用。所以，教师首先要激发学生的学习兴趣和动机。其次，是身体与心理的和谐。人的学习过程是一种心理活动或脑力劳动。当人在积极动脑时需要身体的密切配合，如果身体过于疲劳或紧张，就会导致大脑的抑制状态，影响学习的效果。现代心理学的研究表明：只有人的身体处于一种放松状态的时候，才能消除身体的疲劳和紧张，提高大脑的工作效率。第三，是理智与情感的和谐。人脑的活动，并不单单依靠意识的、理智的、逻辑的作用，人是理智动物，又是感情动物。意识和无意识，理智和情感，在人脑中始终是交织进行的两种活动，它们是不可分割的整体。这两种活动处在最和谐的状态，是人的活动最有效率的时候。而传统的教学观念，只相信理性的力量和意志的作用，在教学中不注意学生的情感体验，道是“有情”却“无情”。教学中只强调学习知识，而忽视情感培养，往往使学生产生厌学、冷淡、不满、缺乏信心、消极等情绪。消极情绪会干扰学习知识，影响学生的思想品德和身心健康。所以教师要有意识地培养、利用和激发学生的积极情感，把知识和技能的教学与情感激发融为一体，使之达到和谐的状态会提高教学的效率。

3. 课堂教学过程

（1）把握生成，关注学情，不照搬预设的教学程序。

课堂教学不是一个机械执行学案的过程，而是一个动态的、开放的、不断生成的过程。教师在使用“五过程学案式主体探索教学模式”时，心中要时刻装着学生，教学中要做到“心中有案，行中无案，”寓有形的预设于无形的动态教学中。通过“师生互动”的过程，把握学生的起点，研究学生的疑点，利用学生的错点，挖掘学生的亮点，随时捕捉促进课堂教学动态生成的切入点，有力促进学生积极、主动、高效地学习，让学生真正成为课堂教学

的有效资源。使教学贴近学生的思想、思维实际，让学生感到亲切，产生自信，产生交流互动的动力，这是教学活动高度和谐的特征。虽然打乱了原来的教学程序，并可能完不成原定的教学任务，但却能保持学生思维活动高潮迭起，较长时间处于不断产生并解决认识冲突和情感冲突的高效学习状态之中。原来设计的教学环节，可以调整，做到灵活多变，动而不乱。

（2）坚持以人为本，关注学生的情感体验，实现师生之间、学生之间、教学内容的难易之间的和谐，使课堂成为教学思想萌发的源泉。

课堂活动的主体对象是学生，以人为本实质上是以学生为本。在课堂教学活动中，教师应当心中有学生，对问题的分析与讲述应考虑学生的情感体验。对于问题的结论，教师要把重心放在知识的形成过程上，让学生从已有的生活经验与知识基础感知基本概念的发生过程，要给学生留出思考的时间和空间。要让学生知道，自己通过思考把问题搞懂了，而不是教师强加给自己的知识。

在学案设计与课堂教学活动中，教师应尽量把复杂问题分成若干个简单问题。引导学生讨论，让学生参与学习活动，力争让更多学生有发言机会。教师要认真听取学生的发言，让学生觉得自己在和老师平等地讨论问题，老师在关注着自己，师生之间是和谐相处的关系。

在安排教学内容时，教师要兼顾不同学生的情感需求和体验。对于重要基础知识和基本技能，教师不要性急，要给全体学生留有理解掌握的时间和空间。在学案的设计上要从基本内容出发，由浅入深，逐步拓宽加深。要让学生明确知识的来龙去脉，课本上是怎样叙述的，基本概念的内涵和外延是什么？等等。使课堂教学这个教学的主体实践场所成为“让学生在学会中会学”，“只有在独立解题实践中才能不断积累经验，增长才干”，“基础知识是解题力量的源泉”，“当学生在掌握知识中能够获得长久情感体验并实现心理满足，就会感受到学习的幸福和欢乐”等等教学思想萌发的源泉。

（3）课堂教学节奏要有张有弛。

由于采用学案式教学，便于把握一节课的知识容量，也就容易控制好课堂节奏。教师编写学案时除认真分析教材、明确教材的知识容量外，还应考虑在此基础上强化什么知识、弱化什么知识、补充什么知识，确定好知识容量，为形成良好的课堂节奏创造了条件。但是，这些知识如何传授，哪些是重点，需浓墨重彩，哪些是非重点，该轻描淡写，都是非常讲究的，需要合理控制时间。既要定时定量，又要灵活机动，才可能使课堂教学井然有序、节奏鲜明。由于学案的控制，教师不可上随意课，漫无边际地调侃和浪费时间的“马拉松”式教学也会得到有效控制。

对于课堂教学的节奏把握，还必须综合考虑，巧妙安排，使构成各要素搭配合理，穿插得体，衔接有序，融洽统一，以构成整体节奏的和谐美。一堂课如同一场话剧，要有序幕，有高潮，有尾声。师生的活动要有张有弛，有起有伏。教师要根据课堂的学习进展和学生的状态，变换教学手段，激发学生学习兴趣，让学生在愉快的气氛中学习。整堂课有紧张，有放松，有严肃，有活泼，张弛有度，配合默契，课堂教学就会达到和谐状态。相信课堂上具有整体和谐的教学节奏，必能给学生带来美妙的艺术享受，使他们在身心愉悦中接受深刻的教育，使课堂的教学效率得到提高。

4. 以合作学习为基础，创新评价，构建团结互助、共同进步的和谐课堂

前苏联教育家赞科夫认为：“儿童有一种交往的需要，他们很想把自己的见闻和想法说出来，与同伴交流。”作为一名教师，在教学过程中，应该为学生创设这种可以满足学生这一需要的学习环境，让他们随时谈出自己的学习认识和个人体会，不必担心说出幼稚的想法或答错某些问题会受到老师的批评而变得拘谨、畏缩。

“小组合作学习”正是为学生创造了这样的学习环境，每个学生可以较自由地对各种问题进行多角度的思考和探索，并随时听取同伴的看法和发表自己的见解。心理学家认为：探索与争论最易激发青少年的兴趣。这本身就是一种满足，一旦自己的某些思考探索的结果被集体或老师肯定，便会感到一种成功的喜悦，随之产生更强烈的探索欲望。一些学习能力较差的学生也会在集体力量的帮助下，在一种热烈、宽松、友好的学习环境中受到感染和启发而变得兴奋、思路畅通，激发学习兴趣，充分发挥出个人的学习潜能。

“小组合作学习”是“五过程学案式主体探索”学习过程中的重要学习形式，这一学习环节的基础是班级必须形成小组合作互助学习机制，班主任必须与任课教师密切沟通，遵循“组间同质、组内异质”的原则，根据学生性别、性格、学习状况，大组 6 人、小组 4 人进行合理分组。每个合作小组确定后，小组成员应保持相对稳定，无特殊情况不宜随意调整，要让每个小组成员必须明确：“合作小组”绝非临时性组合；“合作学习”也绝非教师随意的安排。组内还应建立互助机制，一般是“优帮中、中帮差”，要让每一位学生在长期的合作学习中树立起合作互助意识和集体责任感，学会与他人合作的方法技巧并形成习惯，小组学习也应有明确分工，学习过程应组织有序。

在“小组合作学习”中各学科成绩评价，应以小组平均分为该小组每个成员的个人成绩，至于那些反映每个学生实际水平的成绩只作为学生个人档案成绩供学校和教师参考。

这是“小组合作学习”的重要基础，这种学习评价消除了组内个人表面上的成绩差异，减轻了学生个人学习成绩排名的心理压力，把个人学习竞争评比转化为小组间的集体竞争评比，可以使所有学生长期积极参与，更容易形成团结互助、共同进步的和谐学习氛围。

总之，求和谐就是为了谋求人的发展，包括教师的发展和学生的发展。而人的基本素质的提高是实现自身发展的基础。“五过程学案式主体探索教学模式”关注人的发展，就是着眼于教师和学生基本素质的提高，以期最终实现师生和谐而全面的发展。

四、“五过程学案式主体探索教学模式”是新的教育道德观的体现

课堂是因学生与学生、学生与教师、学生与教材、学生与认知情境之间的交往而产生冲突的主要场所，所以也是道德养成的主要场所。我们不能只把课堂当成是学生认知的地方，还应同时把课堂当成塑造人格品质、让学生进行道德自主建构的殿堂。

“传做人之道，授创新之业，解方法之惑”是新时代赋予教师职责的新内涵。能否主动给予并巩固学生在学习过程中的主体地位，是否为了学生身心的健康发展而主动地向“灌输”行为挥手告别，是衡量教师道德的重要标准。灌输，割裂了学生完整的生活体验，无法引起学生的共鸣，从而使学生厌学、反感。只有告别灌输的教师，才能主动进行角色转换，打破师道尊严，建立民主和谐的师生关系。由知识的传授者、生活的管制者，变为学生学习的引导者、服务者、知识和道德自主建构的设计者，也才可能成为教育工作的创造者。

建立创新教育课堂教学模式，可以沟通创新教育的理论和创新教育实践，占领课堂这一主阵地。提供知识和道德自主建构的保障。“五过程学案式主体探索教学模式”以唤醒学生主体精神、给予学生在知识和道德建构过程中的主体地位，改变单向灌输的教育模式为动机；以学生全面发展、培养创新型人才为终极目标；以激励、引导、强化问题意识、创设认知情境为手段；以重视知识内化、情感体验的“自主、合作、探究”为主要形式；以发现、分析和解决问题能力得到提高为课堂教学的效果标准；让学生学会学

习、学会交流、学会创新。突出了学生的情感体验，力求实现主动认知和道德人格自主建构的整合。

1. 从教师的角度看

在“五过程学案式主体探索教学模式”的运用过程中，教师的职责是“激励”、“引导”。“激励”的主要任务是调动学生学习的非智力因素。教师为此要先行转换角色，尊重学生的主体地位，建立民主和谐的师生关系，这本身就是会尊重他人的道德示范。“激励”就是要让学生产生兴趣和疑问，勇于探索、坚持不懈，讲究方法，体验成功，建立自信。成功的激励，能够培养学生健康向上的道德情感，为知识的自主建构奠定坚实的心理基础。因此“五过程学案式主体探索教学模式”中，教师事实上首先关注的是学生心理上的健康和发展。实际操作中的表现，就是在学案编写时要注意通过精心设计的问题来引导，在课堂上教师要根据学生的学习进展，适时提出新的问题来引导，鼓励全体学生主动参与学习，善于及时发现学生思维上的闪光，及时给予肯定和鼓励，帮助学生建立自信。良好的“激励”能够有效地激发学生的兴趣和疑问，使学生产生跃跃欲试的探究冲动，非常有利于学生良好品质的形成。

“引导”既有认知层面上的引导和建构，也有道德范畴的引导和建构。既有获取信息、提炼问题方法、进行逻辑推理的方法引导，也有提出并评估解决问题方案的方法引导、执行并创新解决问题方案和方法的引导。所有这些引导，都需要摆脱“灌输”方式，深入了解学生的学情，才能使学生对引导产生共鸣，从而增强引导的效果，而教师“了解学生”的行为本身就说明，“引导”是在尊重学生道德行为和道德选择的基础上进行的。这一过程也是教师道德重建、道德提升的过程，因为教师能主动去关心学生的发展，关心学生的心理世界和生活世界，的确是值得称赞的现代教育道德观念。

2. 从学生的角度看

“五过程学案式主体探索教学模式”中的学，是“自主”、“合作”式的学。“自主”要动力，而动力与情感有关，情感与道德观点、道德认同、个性品质相联系。没有健康的道德情感，没有勇于探索的精神和兴趣，没有奋斗的目标，没有实现目标可行性的理性判断，就不可能产生学的动力，“自主探究”也就无法进行。因此，凡能有效进入自学状态者，一定是个具有健康道德行为能力和品行的人，培养学生的自学能力，本身就是一个道德的建构。在刚开始使用这种模式时，学生对自主、合作、交流、互助、主动参与，是一个从不适应到适应的过程，是一个由被动到主动的过程，也是一个良好的道德品行建构的过程。只要教师精心组织、耐心引导，自学能力就会逐渐增强，合作的意识就会提高，主动参与学习的道德品行就会逐步形成。

在“合作”时，同学们都是身份平等的合作伙伴，是互助共赢，是一种高效的学习方式。你在帮助别人时，不仅是付出，也有收获，当你把问题跟别人讲清楚时你不仅有一种成功感，也是一个难得的锻炼机会。仅仅会解一道题是一种境界，而不仅自己会解还能给别人讲明白是另一种境界。有的同学在用实力“征服”了自己的伙伴时，他感到了自己学习的愉悦。学会合作、学会沟通、学会欣赏，在合作中提高合作能力、获得快乐，在合作中创造轻松愉悦的课堂氛围。

3. 从课堂的过程看

“五过程学案式主体探索教学模式”的教学过程就是一个“互动、交流”的过程。交往、交流既能产生和谐，也会产生冲突，包括认知上的冲突和道德情感上的冲突。解决这些冲突就需要主体对客体在性格、情感、思维方式等各方面的包容和宽容。在习得知识和方法的同时，学会尊重他人、学会倾听、学会交流，进行自主

判断、自主选择等，道德情感也随之产生和发展。因此，从“建构”角度看“五过程学案式主体探索教学模式”的“自主探究、合作交流、师生互动、精讲点拨”，事实上并不是单一的知识建构模式，而是知识和道德共建的一种综合模式。

五、“五过程学案式主体探索教学模式”与最佳教学效益观

教学改革是课程改革系统工程中的一个组成部分。我国目前的中小学教学有一个非常突出的问题，那就是，教师很辛苦，学生很痛苦，然而我们的学生却没有得到应有的发展，这是涉及到一个教学效益的问题。教学效益是指教学活动在单位时间内，每个教学班级学生个体的知识、能力、个性品质的综合素质平均增长量。没有增长就没有效益。

通过考试的手段获得的增长状态指标不是教学效益。因为只有效果指标而没有时间指标。例如有的班级通过节假日补课、家教等方式，虽然获得了好成绩，但很难说是效益高。教学效益必须通过学生素质的综合增长来衡量。

教学实践中，要实现高效益、低能耗，必须用最短的时间，高质量完成教学任务，促进学生全面发展。教学最佳效益的产生，有赖于教学过程和教学结构的优化。

1. 从内容上优化

激发学习兴趣和疑问要简明、新颖、真实有效，设计出来的学案要切实能够指导学生“自主探究”、引导学生的“自主建构”。要实现这些要求，教师课前精心设计学案是必要条件。选择最适合的内容结构和最有效的方法，在最短时间内完成教学任务。“五过程学案式主体探索教学模式”中的“导入”、“激励”、“引导”、“互动”、“交流”、“练习”、“作业”等均含着最佳效益的要求，

也更容易实现教学效益的最大化。

2. 从课堂教学过程结构优化

“五过程学案式教学模式”表面上看是教学的环节、方式、策略发生了变化，实质是在新理念引领下课堂教学结构、教学过程的变化。王策三先生提出：对新的教学结构的探索，主要是对以发展为中心的几种因素关系（师生关系、师生与教学内容的关系）的认识和处理，为结构的建构提供了思路。即：①以学生的学习为主体，同时又使之在教师的主导之下进行；②着眼于发展学生的智力和整体个性，包括全面发展和特殊发展，同时又使之牢牢地建立于“双基”（基础知识和基本技能）学习的基础上；③引进和加强发现、探究、尝试、实践活动，同时又确保传授和学习书本知识和教师讲授的主导地位。“五过程学案式主体探索教学模式”是基于本校学生特点，探寻教学过程实效性的思考与实践的结果，比较符合教育规律和学校特点。

教师劳动的一个典型特点是不允许有千篇一律的现象。缺乏教师认真负责的创造性劳动，缺乏良好的教学设计，最佳效益是不可能出现的。

提高学生参与程度，创造良好的课堂气氛，使学生有高度准备状态，这是创造高效益的心理基础。课堂教学是一个心理过程，是智慧活动，情感、兴趣、爱好都有力地影响教学效益。如果课堂教学结构不合理、不科学，会造成教学过程低效益。产生不合理教学结构的原因有：

（1）备课不充分，随心所欲。

（2）教材处理平铺直叙，重点不突出。

（3）缺少对学生心理世界和生活世界的了解，教学设计没能产生理想的“激励”作用，不能启动学生学习的内部动力机制。

（4）“教”是为了“不教”往往被遗忘。

（5）学生学习与交流阶段，教师深入学生不够，导致教师的

教学盲目，没能实现“以学定教”。

（6）问题的设置，水平低下，多为有现成答案和求解思路的“呈现型”问题，缺少验证性的“发现型”问题。几乎没有起到“问题导引”的作用。

（7）教学内容密度不当，方法呆板，结构松散。

（8）应变能力差，不善于捕捉学生思维闪光点而去进行鼓励性评价。降低了学生对“激励”的认同感，从而降低、甚至消除了激励作用。

（9）“创设认知情境”手段不多。

我们的“五过程学案式主体探索教学模式”，从教学设计、学案编制到课堂实施的过程，都是针对以上一些教学中存在的问题而设计的，可有效地控制以上问题的发生。

3. 课堂教学的优化操作

为了实现教学过程的最优化，我们在教学设计与编制学案时，从“学为主体，以学为本，因学论教”的原理出发，遵循循序渐进的原则，有步骤、分层次地使知识、能力到理论的运用逐步加深。在五过程的教学模式中课堂操作的优化是从以下四个方面来实现的：

（1）明确教学目标，建立知识结构框架。

学案中要体现出明确、具体的学习目标，即知识目标、能力目标、德育目标。知识结构包括学科知识结构、单元或章节的知识结构、课时知识结构。通过知识结构分析，建立知识结构框架，使学生对将要学习的知识有一个整体的宏观认识。

（2）把握知识的重、难点，找出最佳切入点。

在学案中把重点、难点问题交给学生，给学生一定的方法引导和思维启示，让学生自己动脑，分析解决问题，在探究中加深对知识的深化理解，培养学生的分析问题解决问题的能力和思维能力。

（3）设计问题，培养学生运用知识的能力。

设计恰当的问题是引导学生探索求知的重要手段，是学案设计的关键所在。教师要依据学习目标、学习内容，依据学牛的情况，精心设计问题。问题的设置要根据学生现有的知识水平和综合素质，有一定的科学性、启发性、趣味性和实用性，还要具有一定的层次。

（4）通过练习及时自查和巩固学习效果。

在学案的最后还要有对学生自学探索后的自查巩固。学生层次不同，理解问题和解决问题的能力有较大差异，自学过程中可能会出现许多各个层面的新问题，帮助学生及时从练习中发现这些问题并进行及时的正确的引导，对培养学生的主体意识和思维能力是至关重要的。

附：

五步写成教育诗

——“五过程主体探索教学模式”达标课活动总结

本学年，我校积极开展在新课程指导下的“五过程自主探索教学”的达标课活动，已收到明显效果。课堂上，学生自主学习程度、整体参与程度及学习活跃程度都有了明显提高，我校整体的课堂教学方式已发生很大变化，赢得了上级主管、业务部门和来我校听课的兄弟学校同仁的一致好评。

本次初一年级“达标课”活动延续两周时间，有26位教师进行了达标课的公开展示，其中大部分教师都能在课堂上很好地组织学生进行自主探究和合作交流活动，增强了学生学习的自主性。特别是许多已有多年教学经验的教师，都能认真对待这项活动，努力地改变着自己多年陈旧的教学方式和教学习惯，在课堂上积极呈现“五过程”的学习形式，这种态度和精神值得我们每位年轻教师学习，对在本次“达标课”活动中评分偏低的一些教师，将再次安排时间进行“达标”活动。

下面就本次“达标课”中几个学习过程的具体实施再作些提醒，希望在今后的教学中引起重视并加以完善。

1. 自主探究学习过程

(1) 先学后教，落实自学过程，提高学生的自学能力并加强学生的自我学习体验。

一般的课堂学习，教师应先设计一个引导学生独立阅读思考和探究的过程，如：数、理、化学科，教师均可创设问题情境或出示例题先组织学生进行探究式自主学习，接着小组内进行检查和交流互助，然后教师再提问点拨和讲解；史、地、生学科，先向学生明确阅读思考要求，组织学生自学完成。(可采用“纲要信号”学习法，即：把应学内容列出简单的纲要信息提示，组织学生根据教师提供的纲要信息提示独立阅读教材相关内容，完成教师的学习要求，如：表格、内容提纲、关键词语、概念等，然后再进行小组内的检查交流。) 政治教材，常常一章节的标题隐含着一个观点，内容就是这一观点的阐述过程，包含着“是什么？为什么？怎样做?”(如：“人生需自立”题目就是一个观点，“什么是自立？为什么要自立？怎样才能自立?”就是学生要思考学习的内容。) 类似这样的章节内容既然有规律可循，一开始就可把三个基本问题或分解、或综合地交给学生，让他们独立阅读思考，举例阐述，然后进行小组交流，使学生在自学过程中学会思维的方法，提高自主学习的能力。

这一学习过程应根据学习内容限定时间，保证大部分学生完成即可，部分没完成的学生可在下一步的小组“合作交流”中互帮互学，慢慢激发兴趣，提高速度，教师重在坚持，重在督促检查，逐渐培养起学生快速阅读思考的能力和习惯。

(2) 先自学，后交流，保证全体学生的学习质量。

在组织学生独立学习之后，一般应组织他们进行小组交流，相互检查学习任务完成情况，相互交流、纠错和互助，这样使每个学生的自学过程都能得以落实，每个学生的学习成果都能得以展示，每个学生的错误都能得以及时纠正，有效保证学生整体的参与度和学习质量。

2. 合作交流学习过程

“合作交流”不仅是一个学生学习的必要过程，也是调节课堂学习节奏和学生学习情绪的必要过程，还是活跃课堂思维和气氛的必要过程。课堂上的合作交流基本分三种形式：

(1) 独立自学后的合作交流。

教师每当组织学生独立自学后应随即组织小组交流，以此保证全体学生的学习质量。步骤：小组长组织检查每个同学的自学情况，相互纠错、相互帮助、相互交流、形成共识、准备汇报。

(2) 重点问题的小组讨论。

这一学习过程问题设置要有讨论价值，重在解决学生个人不易解决的问题，不能走形式。通过讨论使学生激活思维，相互启发，集思广益，加深理解。这种小组讨论一节课次数不宜过多，讨论方式应组织有序：小组长主持、轮流发言、做好记录、准备汇报。

(3) 同桌或小组的随机交流。

对一些简单的问题和练习让同桌或小组进行随机的交流也应是课堂学习的常态，这种学习方式可不拘形式，随机即可，但不能把前两种交流形式与此混同起来，不同的“合作交流”应坚持不同的要求，让学生明白各自的学法，逐渐形成习惯。

3. 师生互动学习过程

“师生互动”重在“互”字，这一学习过程既要有教师的主动，更应有学生的主动。

(1) 学生质疑。

课堂学习要设置学生质疑环节，注重培养学生主动质疑的习惯和能力，有了学生的质疑过程，才更能体现学生学习的主动性，才更能激活学生的思维，使学习更深入，课堂的高潮和精彩之处常常

体现在学生的自主活动和学生质疑过程中。(教师在进行前两个环节时就应让小组准备提出问题。)

(2) 教师设问。

教师设置问题可分两类，一类是全体学生必须认真阅读思考，动手动脑的问题，这类问题提出后，必须落实全体学生的学习过程，以小组为单位给足自学和交流的时间，教师提问不必要求学生举手，随意抽查小组即可，(吕韪老师让小组全体站起来回答问题，这种方法很可取，可增强小组每个成员的参与意识。)其他小组可举手补充。另一类问题是只需要学生思考，谁会谁举手回答，这类问题不需要等很长时间，有举手的即可提问。教学中，教师必须要分清这两类问题各自不同的学习和解决方式，不要把两类问题混同为一种学习方式，教师要避免所有的问题一提出就要求学生举手回答，这样课堂秩序容易混乱，表面看似活跃，但学生整体的学习过程难以落实，容易形成少数学生活跃、多数学生旁观的局面。

4. 精讲点拨学习过程

在本次的“五过程”达标课活动中，大部分年轻教师课堂的各学习过程落实得比较到位，但精讲点拨环节尚欠功力，对学生的学习结果点拨不透，对所学内容不能通过精讲加以提升和深化，这方面希望在备课时做充分的准备，部分老教师的讲解仍然占时过多。

5. 巩固练习学习过程

当堂的巩固练习与课后作业的区别在于：前者能在课堂上监督每个学生独立完成，及时交流、及时纠错、及时巩固，保证学习质量；后者整体学习质量可能含有很大水分，部分学生自觉，部分学生可能抄作业，还有一部分干脆就不做。所以，教师应把巩固练习的重心放在课堂上，这样既可保证学习质量也可减轻师生负担。

6. “五过程”课堂教学改革的时间问题

目前，教师普遍感觉在实施“五过程自主探索式教学模式”

中最大的困扰是时间紧，各学习过程难以落实。这是课堂教学改革的难点，也是各教研组、备课组的重点研究方向和突破口。下面就这方面谈几点建议供参考：

(1) 面对新课程改革不要简单地做加法，即：原有的教学方法和习惯不改变，再硬往里面加“五过程”，这样时间肯定不够用。教师必须先更新教学思想，用新的教学理念、教学方法来替代原有的教学思想、方法和习惯。

(2) 要压缩和精心设计教师讲的内容，逐渐培养学生的自学能力。一般学生自己能学会的内容教师要少讲，并逐渐过渡到不讲，学生小组内能自己解决的问题就让他们自己解决，努力减少讲授时间，保证学生学练时间。

(3) 不要急于为完成学习任务赶进度（注：新课程中学生的诸方面能力、习惯、品质、情感的培养和方法过程的落实也是课堂中不可忽视的重要教学任务）。我们常常习惯于为了给考试前留很长的复习时间而把正常的课堂教学安排得十分紧凑，教师只好用不停地讲来挤占学生学练时间，这样，虽然复习时间加长了，但平时课堂学习质量却不理想，甩掉了许多学生，结果用很长的复习时间也补不回来，得不偿失。平时教学课时应安排得从容些，切实落实“五过程”，让每个学生学扎实，有些需要细讲的内容也可以专门集中在一节课中去细讲，但一般课堂教学必须要落实“五过程”。

(4) 为了节省课堂学习时间，教师也可把分解开讲解的思考练习的若干问题整合在一起，一次性集中展示给学生，给足学生“自主学习”和“合作交流”的时间，让学生进行综合性的独立思考和共同探究，把“线式”课堂学习结构变为“块式”，逐渐培养学生综合学习和思维能力。

(5) 根据“五过程”学习要求重新整合设计教学内容，围绕重难点自主进行适当的详略处理。

(6)“五过程”教学改革，教师贵在坚持，不断研究改进。学

生的学习方法习惯和能力一旦形成，学习的速度质量都会有明显的提高。

新课程的改革是一个系统工程，需要一个很艰难的过程，在课堂教学的改革中我们东联学校的每一位教师都已跨出了可喜的第一步。坚持走！莫停留！把“五过程”自主探索式教学真正变成我们每位教师的课堂教学常态，是我们共同努力的目标。

2007 年 12 月 15 日

第三章 “五过程学案式主体探索教学模式”的课堂操作

一、“五过程学案式主体探索教学模式”的教学特点和基本要求

教育的终极目标是为学生的终身发展负责，为学生的终身幸福负责；教学的基本目标是让学生掌握知识，发展能力，陶冶品质；教学的过程是通过大量的基本事实，运用科学的学习方法，诱导学生全身心参与，甚至让学生重新体验知识的产生过程，使学生学会学习，掌握知识，发展能力，形成良好的学习品质。

“五过程主体探索教学模式”的研究与设计就是以学生为本，从分析研究学生入手，研究学法，从每一位学生的终身发展考虑研究学生学习策略，构建“五过程主体探索教学”的“生本”课堂。

1. 自主探究

这一学习过程，体现新课程“先学后教”的原则，课堂上，教师先创设问题情境，组织学生依据学案进行独立学习、思考和探究。教师在台下认真监督、指导和检查，确保每个学生都动脑动笔，这一环节开始不必太看重自学的结果，重在落实每一位学生的学习过程和个人学习体验，逐渐培养起学生的自学习惯、能力和速度，自学内容应有梯度，根据学生的不同水平作出不同自学要求。

开始，许多教师把这一学习过程作为课前预习进行，认为这样学生自学时间充分，又不浪费课堂时间。其实不然，课前预习和课

堂自学完全是两种性质，目的不同。课前预习，目的只是要求学生提前熟悉教材完成部分学习任务，重在结果，至于以什么方式完成，完成的过程存在什么问题，所有学生是否都能认真去做，这些都在教师的监控之外，从形式上看虽然是“先学后教”，但实际上后进生的学习过程很难落实，很大一部分学生的自学习惯、能力得不到有效培养，“面向全体”也只是流于形式。另外，每个学生自学过程中存在的具体问题教师也不能及时发现，不能给予及时的纠正和指导。课堂上面对部分学生预习部分学生不预习的尴尬局面教师也很难处理。

有些教师认为课堂上的“自主学习”对后进学生来说是浪费时间。的确，在自学过程中部分学生自学速度很慢，效率很低，甚至部分学生不会学、不愿学，不动脑、不动笔。其实，这正反映出教师平时讲得多，有计划的自学训练少，大部分学生自学能力低、习惯差，也正是我们课堂教学低效的症结所在。我们要求教师必须落实“自主探究”这一学习过程，主要目的就是努力解决这一教学上普遍存在的问题。“自主探究”就是着眼于“面向全体”，着眼于“先学后教，以学定教”，着眼于学生自学能力的培养和自学习惯的形成。在自学过程中，部分学生开始不会学、不愿学、速度慢、效率低，是正常的，教师不能因此就放弃这一学习过程，在自学过程中，应加强对这部分学生的耐心督促和指导，学生的许多学习能力和习惯都是在教师长期耐心的坚持下形成的。

“自主探究”的内容应分梯度，好学生多学，部分学生降低要求，即使完不成、全做错也不要紧，重在通过这一学习过程，迫使学生在教师的监督指导下逐渐改变学习的方法、行为和学习态度，增强自学体验，提高自学能力，形成自学习惯，激发自学兴趣。从这个角度讲，“自主探究”学习过程绝不是浪费时间，而是一个长远意义上的高效学习过程。

2. 合作交流

这一学习过程包括“自主探究”后的合作交流、重难点问题的小组讨论和邻桌间的随机交流与互助。

“自主探究”后的小组合作交流：

在组织学生独立自学后，应随即组织进行小组交流，小组长组织小组成员相互检查学习任务的完成情况和存在的问题，相互纠错、相互帮助、相互交流，让学生自己随机发现解决学生个体存在的疏漏和疑难问题，小组内解决不了的问题在“师生互动”学习环节中向老师提出，如果组织落实好，这是一个很有效率的合作学习过程。

重难点问题的小组讨论：

这一学习过程问题设置要有讨论价值（包括学生的质疑和教师的设问），一般在“师生互动”环节中进行，重在解决学生个人不易解决的问题，通过讨论激活学生思维，相互启发，集思广益，加深理解。这种小组讨论一节课次数不宜过多，讨论方式应组织有序：小组长主持，轮流发言，做好记录，小组汇报。

同桌或小组间的随机交流互助：

建立同桌或小组内的互助机制，对一些学生能自己解决的问题和练习，让同桌或小组进行随机的交流互助，这应是课堂学习过程中的常态，穿插在各学习环节中随机进行，逐渐形成习惯。这一学习环节的基础是班级必须形成小组合作互助学习机制，班主任必须与任课教师密切沟通，合理分组，明确分工，达成一致，相对稳定，统一方式，共同进行，有序组织，落实过程。这样学生才更容易掌握合作互助学习的方法，形成习惯，提高学习效率。

3. 师生互动

在学生自学交流的基础上，组织师生间的质疑问答互动。在这一学习过程中，教师应特别重视学生的质疑活动，要把学生质疑放

在前面，先让学生把在“自主探究”和“合作交流”过程中解决不了的疑难提出来，然后教师再“以学定教”。

在这一环节上，教师常习惯于“先讲后问”：

“大家听明白了没有?”

“谁还有问题?”

其结果是大家都不作声，或回答说“没有。”其实，好学生可能明白了，但后进生中肯定有许多不明白的地方，为什么他（她）们不作声或说“明白了”、“没有问题”？就是因为教师讲在了前面，学生心里清楚：如果他（她）们敢说“没明白”、“有问题”，虽然能得到老师的解答，但也必然得到老师“你刚才干什么啦?为什么不注意听”的训斥，所以，把学生的自学放在前面，把学生的质疑放在教师“讲”的前面，让学生有疑可问，有疑敢问，学生就没有那样的顾虑，就会主动放胆提出教师想到和没想到的许多问题，教师可以就此进行“以学定教”，可以随机地进行“精讲点拨”。

“师生互动”重在“互”字，这一学习过程既要有教师的提前预设，更应有学生随机生成，要注重培养学生在学习过程中的主动探索和勇于质疑的精神。

4. 精讲点拨

教师的“讲”应重点放在学生学前的引导和学、练后的点拨、小结及重难点的突破上。学生能独立或合作解决的问题尽量引导组织学生自己完成（学生这方面的能力也需要教师坚持培养），但是，单凭学生自学获得的知识难免零散和肤浅。学生的学习过程是不断探索、体验和领悟、提升的过程，学生在这一学习过程中不仅需要提高能力、掌握知识的满足，还需要豁然开朗、顿然领悟、知识提升的满足，后者就需要教师的“精讲点拨”来实现，但教师的“讲”要限时，课前要对所讲知识精心整合提炼，尽量不要挤占其他学习环节的时间。课堂学习的最佳状态应是教师适机地点拨

引导组织全体学生紧张有序地学习，而不是一节课教师在台上讲得很多而学生在台下听得很随意。

5. 巩固训练

课堂所学知识要注重当堂的练习巩固，并及时进行反馈。课堂上的练习以学生间的及时检查、交流、批改为主，教师要及时了解所有学生的学习情况，决不能上课不管学生学习状态，下课不管学生学习结果。

“五过程”自主探索式教学的每个学习环节设计，都是认真贯彻落实新课程的思想方法，研究学生课堂学习心理和认知规律，科学高效地组织全体学生进行课堂学习活动。它充分体现了学生学习的主体性，最大限度地组织全体学生参与学习活动，积极思考，主动学习，合作互助，形成习惯，让每个学生都能得到提高和发展。

二、“五过程学案式主体探索教学模式”的学案设计

1. 什么是学案

学案是指教师依据学生的认知水平、知识经验，为指导学生进行主动的知识建构而编制的学习方案（或师生协商制订的学习方案），也称导学方案。学生根据“学案”设计充分“自主探究”，然后带着问题与同学进行充分“合作交流”。由此可见，学生按学案去学，抛弃了过去学习时的被动和盲目，找到了主动学习的支点，有利于养成学习习惯，有利于获得更有价值的信息。它旨在通过学生的自主学习，培养学生的自学能力，提高教学效益。

2. 学案与教案的区别

教案是为教师上好课而预设教学的方案。着眼于如何“教”，注重使学生“学会”，侧重教师主导。要求界面规整，表达严谨，

多用书面语。

学案是为学生自学而提供指导学习的方案，着眼于“学”，注重使学生“会学”，侧重学生主体，主动地“学”。要求界面亲切，表达生动，多用口语。

3. “五过程主体探索教学模式”学案的作用

（1）学案能有效地指导学生自主学习和建构知识，通过“导读、导听、导思、导做”变被动学习为主动学习，培养良好的学习习惯，提高学习的效率。

（2）学案能指导学生以本课学习的内容为中心，在自主探究过程中发现问题、提出问题、解决问题。让课堂教学成为学习创造活动，让学生尝试成功的快乐。

（3）学案能激发学习的兴趣，推动教学过程的互动、对话，培养学生掌握研究性学习方式，培养学生的探究能力和创新精神。

4. “五过程主体探索教学模式”学案的特点

（1）问题探究是学案的关键，它能起到“以问拓思，因问造势”的功效，并能帮助学生如何从理论阐述中掌握问题的关键。

（2）知识整理是学案的重点，学案的初步目标就是让学生学会独立地将课本上的知识进行分析综合，整理归纳，形成一个完整的科学体系。

（3）事半功倍是学案的特色，学案设计，尤其是科学性、实效性强的学案设计是一项艰苦复杂的工作，是需要精雕细刻、精益求精的作品，不下一番苦功难以达到理想的效果。

（4）巩固练习是学案的着力点，学生通过解题巩固知识、掌握方法和培养技能，而且能优化学生的认知结构，培养创新能力。

5. “五过程主体探索教学模式”学案的设计原则

学案的编写应发挥备课组的作用，一人主笔的学案难免失之偏颇，所以，要编好一套行之有效的好学案，必须充分发挥学科备课组的作用，通过集体备课来完成。集体分工编写，共同研讨确定。学案的编写应简洁、易懂，学案的设计要不断更新，注重实效性。在编写时应注意以下原则：

（1）课时化原则。

分课时处理学习内容，防止几个小专题的内容只写成一个学案，一般一个小专题为1～2课时。

（2）问题化原则。

将知识点转变为探索性的问题点、能力点，通过问题形式的题组对知识点进行设疑、质疑、释疑、激思，培养学生的思维品质和创新素质。

（3）参与化原则。

学案的设计应考虑让学生进行主动参与性学习。通过学案创造人人参与的机会，激励人人参与的热情，提高人人参与的能力，激励人人参与的意识，让学生在参与中学习。

（4）方法化原则。

强化学法指导。使学案由“授人以鱼”变为“授人以渔”，同时注意学法指导的基础性与发展性。

（5）层次化原则。

在编写学案时应该将难易不一、杂乱无序的学习内容处理成有序的、阶梯性的、符合每阶层学生认知规律的学习方案，从而提高全体学生素质，全面提高课堂教学质量。

6. “五过程主体探索教学模式”学案的编制要求

从“教案”到“学案”的转变，必须把教师的教学目标转化为学生学习的目标，把学习目标设计成学习方案。根据学生现有知识、自学能力水平和教学要求，参照各方面信息，制定出一整套学生学习的“学案”。其特点是：教学重心由老师如何“教”转变为学生如何“学”，要具有预先性和指导性。

各科的学案设计和编写的一般要求与作用：

（1）树立“先学后教、以学定教”的理念，学案要以“学”为中心去预设。理清教与学之间的关系，努力给学生提供更多的自学、自问、自做、自练的方法和机会，使学生真正成为学习的主人，增强对学习的兴趣。

（2）教师在设计学案时，要用学生的眼光看教材，用学生的认识经验去感知教材，用学生的思维去研究教材，充分考虑学生自学过程中可能遇到的思维问题。引导学生独立思考，实现掌握知识（学会）与发展能力（会学）的统一，使学案成为学生掌握学科知识体系和学科学习方式的载体和教师教学的基本依据。

（3）给学生充分的学习时间，每个知识点学完后，要配以适当的题目进行训练，使学生理解和掌握所学知识。

（4）实现个性发展与全面发展的统一。学案的编写应该充分考虑和适应不同层次学生的实际能力和知识水平，使学案具有较大的弹性和适应性。

7.“五过程主体探索教学模式”的学案编制方法

为了切实推进“五过程主体探索教学模式”的课堂教学改革，促使这种教学形式成为课堂教学的常态，2008 年我校借鉴了东庐中学“讲学稿”的经验。我们认为：用“学案”的形式能够更好地落实“五过程主体探索教学模式”课堂教学的每一环节，更有效地保证学生整体学习质量，因此，我们的课堂教学改革实验确定为以“五过程主体探索教学模式”为核心，以“学案”为载体的“五过程学案式主体探索教学模式”。并对“五过程学案式主体探索”教学的学案设计与使用进一步作出如下统一要求：

（1）集体备课：

各备课组一周前由主备教师备出本课学案，再经备课组集体审核研究，修改完善后打印，课堂师生共用。

（2）学案格式：

页眉统一打印“东联初级中学五过程主体探索教学模式”；第

一行统一打印年级科目，如“八年级（上）数学学案”；第二行统一打印课题、课型、主备人、审核人、时间；每一页的右侧都留有“教与学”的空白，用于教师进行二次教学设计与学生笔记；最下端标明页数。

（3）内容设计与使用：

学案设计分七部分内容：教学目标及重难点，学前导入，自学过程（自主探究、合作交流），导学过程（师生互动、精讲点拨），课堂训练，作业，纠错、教学反思。

①教学目标及重难点：这部分内容不宜过多，只打印学生必须明确的内容即可。

②学前导入：适当留空，可以是教师导学语言，也可以是前节课知识的复习要点或课前一练。

③自学过程：a. 在“自学过程”后面必须括号写明（自主探究、合作交流）和所需时间（不少于 10 分钟）。b. “自主探究”内容是集体备课的重点，要认真设计，分出梯度，设 A、B 题，对不同层次的学生应提出不同完成要求。c. “自主探究”过程尽量不要放在课前预习，要落实在课堂上。d. “自主探究”过程教师应在台下巡查，特别要加强对后进生的督促指导。e. “合作交流”可随机穿插在各个学习环节中进行，但“自主探究”之后必须进行一次小组内检查，即互助性的合作交流。

④导学过程：a. 在“导学过程”后面必须括号写明（师生互动、精讲点拨）和所需时间（20 分钟左右）。b. “导学过程”集体备课设计可简略些，给教师个人留有自主设计空间；适当留空，教师写个人的教学设计和板书设计，学生可写知识笔记和板书笔记。c. “师生互动”过程一般分两步进行，先让学生自主质疑，然后教师解决预设问题。d. 教师“精讲点拨”过程先穿插在“师生互动”中进行，后精讲小结。

⑤课堂训练：该过程包括学生训练和小组检查批改，（10 分钟

左右)。

这一过程好学生完成较快，完成后负责分工检查批改小组成员的学案完成情况（包括自学内容和课堂训练），然后检查人签名，并写明检查批改日期，如有错误并负责监督纠错，教师抽查即可。

⑥作业：a. 作业要以学案设计为主，应有梯度，设 A、B 题，对不同层次的学生应有不同完成要求。b. 教师要全部认真批改、评分，写明批改时间。

⑦纠错（课后心得）：a. 教师批改作业应有批改记录，归纳问题，统一进行讲评和纠错。b. 学生纠错由小组负责检查落实，教师抽查。c. 纠错空处教师写“课后反思”，要求学生写课后心得。

三、“五过程学案式主体探索教学模式”的课堂教学过程与操作策略

根据“五过程学案式主体探索教学模式”的教学思想和要求，课堂应合理呈现以下五种学习形式：自主探究、合作交流、师生互动、精讲点拨、巩固训练。

一些学习形式的顺序教师可根据实际合理安排，但每种学习形式的时间安排应相对限制。现在我们许多教师的课堂也都呈现出这五种学习形式，但在时间的安排上常常是“精讲点拨”和“师生互动”环节随意性过强，占时过多，挤占了其他环节的时间，使其流于形式。所以有必要对课堂这五种基本学习过程做统一的时间安排和基本操作法要求。

1. 自主探究（10 分钟左右）

操作策略：这一学习过程，教师体现新课程“先学后教”的原则，首先创设问题情境，组织学生对所学内容进行独立学习、思考和探究。教师在台下认真监督、指导和检查，确保每个学生都动脑动笔，重在落实每一位学生的学习过程和个人学习体验，逐渐培

养起学生的自学习惯、能力和速度，自学内容应有梯度，根据学生的不同水平作出不同的自学要求。

2. 合作交流（时间随机而定）

操作策略：这一学习过程包括“自主探究”后的合作交流、重难点问题的小组讨论和邻桌间的随机交流与互助。

“自主探究”后的小组合作交流：

在组织学生独立自学后，应随即组织小组交流，小组长组织成员相互检查学习任务的完成情况，相互纠错、相互帮助、相互交流。通过自学、交流、互助，掌握课本的基本知识和解决基本问题。

重难点问题的小组讨论：

这一学习过程问题设置要有讨论价值，重在解决学生个人不易解决的问题，不能走形式。通过讨论激活学生思维，相互启发，集思广益，加深理解。这种小组讨论一节课次数不宜过多，讨论方式应组织有序：小组长主持，轮流发言，做好记录，以小组汇报。

同桌或小组间的随机交流互助：

对一些学生能自己解决的问题和练习，让同桌或小组进行随机的交流互助，这应是课堂学习过程中的常态，穿插在各学习环节中随机进行，逐渐形成习惯。

这一学习环节的基础是班级必须形成小组合作互助学习机制，班主任必须与任课教师密切沟通，合理分组，明确分工，达成一致，相对稳定，统一方式，共同进行，有序组织，落实过程。这样学生才更容易掌握合作互助学习的方法，形成习惯，提高学习效率。

3. 师生互动（10 分钟左右）

操作策略：在学生自学交流的基础上，组织师生间的质疑问答互动。在这一学习过程中，教师应特别重视学生的质疑活动，要把学生的质疑放在前面，先让学生把在“自主探究”和“合作交流”

过程中解决不了的疑难提出来，然后教师再“以学定教”。

“师生互动”重在“互”字，这一学习过程既要有教师的提前预设，更应有学生的随机生成，要注重培养学生在学习过程中主动探索和勇于质疑的精神。

4. 精讲点拨（10 分钟左右）

操作策略：教师的“讲”应重点放在学生学前的引导和学、练后的点拨、小结及重难点的突破上。学生能独立或合作解决的问题尽量引导组织学生自己完成（学生这方面的能力也需要教师坚持培养），课堂学习的最佳状态应是教师适机地引导组织全体学生紧张有序的学习，而不是一节课教师讲得很多学生却学得很随意。

5. 巩固训练（5 分钟左右）

操作策略：课堂知识要注重当堂的练习巩固，并及时进行反馈。课堂上的练习结果以学生间的及时检查、交流、批改为主，教师要及时了解所有学生的学习情况，决不能上课不管学生学习状态，下课不管学生学习结果。

研究新课程课堂教学的具体操作策略，是该课题研究实验的核心内容。“五过程”自主探索式教学的每个学习环节设计，都是根据学生有效的课堂学习认知规律，认真贯彻落实新课程的思想方法，科学高效地组织全体学生进行课堂学习活动。

“自主探究”：强调了每位学生学习的自主性和个人学习体验，体现新课程“先学后教”的原则；“合作交流”：是“自主探究”学习后的一个必要的学习环节，在学生独立完成自学任务的基础上，再通过学生间的检查互助、合作交流、质疑探究等开放性学习共同完成落实“自主探究”的学习内容，并将自行解决不了的疑难自然带入“师生互动”环节；“师生互动”：这一环节是解决学生自学疑难、“以学定教”的学习过程，是师生随机与预设相结合的互动过程；“精讲点拨”：教师精讲点拨重难点、梳理知识结构、

进行学习小结，这一环节突出了教师的主导作用。“巩固训练”：对所学知识进行当堂巩固训练、检测和迁移运用，保证课堂学习质量。

“五过程”自主探索式学习充分体现了学生学习的主体性，最大限度地组织全体学生参与学习活动，积极思考，主动学习，合作互助，形成习惯，让每个学生都能得到提高和发展。新课程中的“面向全体，关注每个学生的个性发展”，“先学后教，以学定教”，“自主、合作、探究”，“知识与能力、过程与方法、情感态度价值观”等教学思想、原则、方法和目标，在“五过程”的课堂学习中均能得到较好的体现。

四、“五过程学案式主体探索教学模式”的课堂活动要素及参考程序

1.“五过程学案式主体探索教学”师生活动要素一览表

学生活动	自主学习阶段（尝试体验）				指导学习阶段（互助领悟）				巩固训练阶段（巩固拓展）			
	温故知新	自主探究	组内互动	交流解疑	质疑解疑	交流讨论	积极思维	寻求结论	课堂训练	小组检查	课堂作业	拓展运用
教师活动	课前导入	印发学案	发现问题	及时指导	辩疑解难	正确引导	启迪思维	精讲点拨	课堂检查	随机指导	布置作业	认真批改
	组织自学阶段（设计引导）				师生互动阶段（指导点拨）				检查反馈阶段（检查批改）			

2. “五过程学案式主体探索教学模式”课堂教学参考步骤

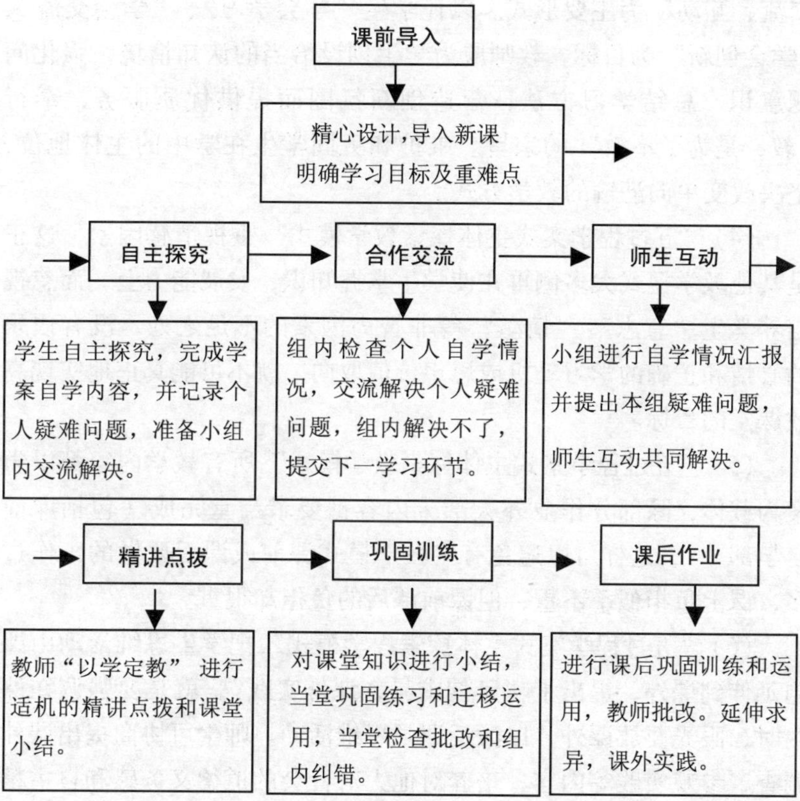

课前导入 → 精心设计，导入新课，明确学习目标及重难点

自主探究：学生自主探究，完成学案自学内容，并记录个人疑难问题，准备小组内交流解决。

→ 合作交流：组内检查个人自学情况，交流解决个人疑难问题，组内解决不了，提交下一学习环节。

→ 师生互动：小组进行自学情况汇报并提出本组疑难问题，师生互动共同解决。

→ 精讲点拨：教师“以学定教” 进行适机的精讲点拨和课堂小结。

→ 巩固训练：对课堂知识进行小结，当堂巩固练习和迁移运用，当堂检查批改和组内纠错。

→ 课后作业：进行课后巩固训练和运用，教师批改。延伸求异，课外实践。

3. 几点说明

（1）“五过程学案式主体探索教学模式” 是一种综合模式，使用时不要局限于某种固定程式，切忌生搬硬套。必须高度重视并遵从模式变换原理，使之多样生动；遵从模式孕育原理，使之超前发展；遵从模式包容原理，使之系统全面。

（2）以上课堂活动要素，既不代表课堂教学的时空顺序，也不表明每堂课都要有，而是要依据校情、教情和学情优化组合，灵活运用。

（3）“五过程学案式主体探索教学模式”是以“自学、合作、交流、互动”为主要形式。以让学生“学会学习”、“学会交流”、“学会创新”为目标，教师应为学生创设恰当的认知情境，强化问题意识，总结学习方法，营造创新氛围而提供优质服务，奉行“教，是为了不教”的宗旨。维护和巩固学生在学中的主体地位，坚决改变单向灌输的教学方式。

（4）“五过程学案式主体探索教学模式”重视情感因素，这正是其他教学模式大多侧重在使学生掌握知识、发展能力上，而忽视培养学生“意志”、“情感”等非智力因素的不足之处，没有快乐的心情和正确的学习动机或思想价值取向，就不可能真正地实现高效课堂的目标。

（5）“五过程学案式主体探索教学模式”所有教学内容都以学案为载体，除部分作业外大部分内容都要求当堂完成（包括课前自学部分），这样可以避免有些教学模式课前或课后要做的工作过多，课上负担似乎不重，但课前课后的负担却很重。

（6）“五过程学案式主体探索教学模式”把学生思维活动由课内延伸到课外，提出了“延伸求异，课外实践”，就是要强调在课内时，眼光要放课外，以激活课堂思维活动。师生可协商提出课外调查、参观实践等内容，培养对他人对社会的道德义务感和自主精神；使学生由厌学转为爱学，特殊才能有展示机会，从而培养各种类型的创新人才。

教学模式是一个动态开放的系统，有一个产生、发展、完善的过程。虽然教学模式一旦形成，其基本结构保持相对稳定，但这并不意味着该教学模式就从此不变了。教学模式总是随着教学实践、观念和理论的不断发展变化，不断地得到丰富、创新和发展，从而日臻完善。一种有影响的教学模式之所以具有较强的生命力，就在于它在原有基础上能不断充实和提高，否则它就会被逐渐淘汰。因此，教学模式的不断变革与改革，正是它具有优效性的重要保证。

教师广泛而深入的教学实践，为教学模式的发展和完善提供了广阔的前景和丰富的养料。

五、“五过程学案式主体探索教学模式”的课堂评价

“五过程学案式主体探索教学模式”课堂教学是一个交流与互动的过程，是一个师生互动、生生互动、组组互动的多边活动过程。既涉及到老师，也涉及到学生，既有过程，也有结果。新课程课堂教学评价理念是“以学评教”、“重结果，更重过程”的发展性评价观。其中的“学”既包含学生在学习过程中的学习状态，也包含学生的学习效果。“教”既包含教师教学过程中的教学行为，也包含教学效果。这种“以学评教”的评价观真正体现了学生是课堂教学主体的意识，体现了“教”是为“学”服务的思想，体现了“一切为了学生的发展”的新课程理念。事实上，教师的教学行为是教师教育理念的体现，学生的学习状态、学习方式是教师的教学行为的反映。教师的才华要在学生身上得到体现，教学的效果最终要落到学生的发展上，教学质量的高低取决于学生学习能力、水平、效果以及创新能力的高低。

新课程改革实践证明：任何有效的、成功的课堂教学，都必须体现以学生为主体，都应该实现陶行知先生所倡导的充分解放学生的大脑、双手、嘴巴、眼睛。只有让学生多种器官全方位、主动地参与教学，才能调动学生的学习积极性，使课堂教学焕发出生命的活力。突出以学生为主体的教育理念是新一轮课程改革的精髓。因此，新的评价理念强调以学生在课堂教学活动中呈现出的状态为课堂教学质量评价的指标。学生在课堂学习中呈现的状态主要有以下五种：即学生的参与状态、交往状态、思维状态、情绪状态和学习达成状态，而这些又与学案和教师在课堂上的问题引领、恰当点

拔、反馈调控等方面密切相关。具体内容参照附表1:“五过程学案式主体探索教学模式”的课堂教学评价指标。新的评价理念不仅注重对课堂教学终结的评价，更注重对课堂教学过程的评价。评价的最终目标是使师生都得到长足的发展与提升。

附表1 “五过程学案式主体探索教学模式”课堂教学评价表

教师姓名		教学时间	年 月 日 星期 第 节	评课人				
教学科目		教学内容						
序号	项目	评价指标	权重	评价等级				得分
1	学案设计(30分)	(1)目标把握准确	5	5	4	3	2	
		(2)问题探究设计合理,起到“以问拓思,因问造势”的功效	5	5	4	3	2	
		(3)重难点突破设计有梯度	5	5	4	3	2	
		(4)有利于学生的自主学习和合作学习	5	5	4	3	2	
		(5)当堂训练与课后作业设计合理有效	5	5	4	3	2	
		(6)指导学生学习的方法简洁有效	5	5	4	3	2	
2	教师的课堂活动(35分)	(1)讲授清楚:内容讲授科学、必要,恰到好处,语言准确精炼,时间适当	5	5	4	3	2	
		(2)问题明确:引导学生将学习精力集中在教学重点、难点问题上,激发学生积极思维,努力促进对知识的理解和问题解决能力的发展	5	5	4	3	2	
		(3)活动有效:结合学习任务、角色及互动关系,创设适合学生进行自主、合作或探究的学习情境,引导学生在活动中学习知识,学会方法,深化对正确的情感态度价值观的感受	5	5	4	3	2	

（续表）

<table>
<tr><td>教师姓名</td><td colspan="2"></td><td>教学时间</td><td colspan="2">年 月 日 星期 第 节</td><td colspan="4">评课人</td><td></td></tr>
<tr><td>教学科目</td><td colspan="2"></td><td>教学内容</td><td colspan="7"></td></tr>
<tr><td>序号</td><td>项目</td><td colspan="3">评 价 指 标</td><td>权重</td><td colspan="4">评价等级</td><td>得分</td></tr>
<tr><td rowspan="4">2</td><td rowspan="4">教师的课堂活动（35分）</td><td colspan="3">（4）反馈及时：积极的即时评价能培养学生对学科的兴趣和爱好，增强学习自信心；能引导学生辨别正误，深化认识，逐步形成知识结构</td><td>5</td><td>5</td><td>4</td><td>3</td><td>2</td><td></td></tr>
<tr><td colspan="3">（5）调控得当：能关注学生的学习经验和即时学习状况，及时调整教学安排，激发学习的潜力、积极性和创造性</td><td>5</td><td>5</td><td>4</td><td>3</td><td>2</td><td></td></tr>
<tr><td colspan="3">（6）方法适当：选用的教学手段、教学形式能促进学生积极参与，有助于学生突破学习难点，掌握重点，提高学习效率</td><td>5</td><td>5</td><td>4</td><td>3</td><td>2</td><td></td></tr>
<tr><td colspan="3">（7）训练适量：难度和数量适当。练习和作业要求明确具体。对不同程度的学生有切合实际的要求</td><td>5</td><td>5</td><td>4</td><td>3</td><td>2</td><td></td></tr>
<tr><td rowspan="4">3</td><td rowspan="4">学生的课堂活动（35分）</td><td colspan="3">（1）学习能力：自主学习、合作学习、交往状态佳，探究学习训练有素</td><td>8</td><td>8</td><td>6</td><td>4</td><td>2</td><td></td></tr>
<tr><td colspan="3">（2）参与面广：积极响应教师的热切期待，参与学习活动兴趣浓厚。不同程度的学生都能充满自信，积极进取，获得学习成功的体验</td><td>8</td><td>8</td><td>6</td><td>4</td><td>2</td><td></td></tr>
<tr><td colspan="3">（3）思维活跃：主动参与教学活动，能够独立思考，勇于质疑并发表自己的见解。对知识的形成过程体验充分，结论领悟深刻，受到正确的情感态度价值观的熏陶</td><td>8</td><td>8</td><td>6</td><td>4</td><td>2</td><td></td></tr>
<tr><td colspan="3">（4）达标程度：反馈形式多样有效，贯穿教学活动的始终，学生对所学知识的达成度达到90%以上。培养并巩固良好行为习惯和科学学习方法</td><td>11</td><td>11</td><td>9</td><td>6</td><td>3</td><td></td></tr>
<tr><td colspan="2">总评</td><td colspan="3"></td><td colspan="5">合计得分</td><td></td></tr>
</table>

六、运用“五过程学案式主体探索教学模式”应注意的几个问题

“五过程学案式主体探索教学模式”作为一种新的课堂学习方式，其最大的优点就是在课堂教学中让每个学生都能根据原有知识、自己的体验，用自己的思维方式开放地探究、发现、重组知识，并在探究、合作的过程中学习科学的学习方法，增强学生的自主意识、合作意识，培养学生的探究、合作精神及其能力，有效地提高学习的效率和效果，是一种高效的课堂教学模式。但在具体的实施过程中，有些教师在理解和操作上出现了偏差，导致学生的自主探究、合作交流、师生互动等流于形式，课堂教学出现了盲目性、随意性、低效性，严重影响了课堂教学的效果。

1. 学案变成教案的翻版，没能有效地起到导学的作用

从“教案”到“学案”的转变，应把学生学习放到中心地位，把学习目标设计成学习方案交给学生，根据学习目标、学习内容以及学生已有知识、自学能力，制定出一整套学生学习的“方案”，教学重心由教师如何“教”转变为学生如何“学”，从根本上改变学生的学习方式，突出学生在课堂上的主体作用。“学案”不是教案的翻版，它需要教师从帮助学生学会学习出发，按照从易到难、从表面到本质、从一般到特殊的认识规律，有层次地安排学习内容。通过备学案，把每节课需要完成的教学任务、需要解决的问题及解决策略都放到中心地位。它还要求教师有创新精神，提出的问题要从课程标准出发，但又不拘泥于标准，要有利于帮助学生突破常规思维局限，有利于挖掘学生的潜能，有利于学生发现问题。但事实上，我们很多老师在编写学案的时候往往受到教学中思维定势的影响，把教案的条框详细化，教学内容问题化，最后就变成了所谓的“学案”。

2. 学案变成练习卷，上课变成对答案

受传统教育观念的影响，有些教师认为学生自主学习就得大量做题，所以在设计学案时，机械照搬课本内容，把教材内容简单地编成一道道习题，或随意选取一些相近的习题代替学习内容，连知识点的编排顺序都和教材完全一样，认为这就是“学案”。如果按这样的“学案”进行教学，学生就容易去抄课本、死记硬背教学内容、简单机械地寻找答案。整堂课就成了师生对答案的过程，根本无法发挥学案的优势，更谈不上自主学习科学知识和技能，形成良好的学习习惯，让学生想学、会学、乐学。我们一定要防止把学案搞成又一本“练习册”，从而加重了学生的负担。

3. 重讲解，轻探究，精讲不精，“以学定教”的教学思想没有得到很好的落实

有的老师习惯于走老路，重教轻学，对那些让学生根据学案通过自主探究、合作交流能解决的内容仍以讲为主，认为学案中安排的让学生自我探索、独立思考、相互交流、提出问题等步骤太耽误时间，不如自己讲效果好。“五过程学案式主体探索教学模式”并不完全排除教师讲解，事实上，在“五过程学案式”模式中特别有一个“精讲点拨”的过程。但有的教师精讲不精，低估、漠视学生的独立学习能力，忽视、压制学生的独立要求，对学生缺乏必要的信心，于是就大讲特讲，担心不讲学生就不懂，讲不全教师就不放心，把本应给学生自主、探究、合作的时间挤占了许多，不自觉地把课堂教学变成了满堂灌，学生主体性学习没有时间保证，“以学定教”的教学思想得不到很好的落实。

4. 合作交流，只重形式，没有实现真正意义上的自主、合作、探究式学习

在“五过程主体探索教学模式”中，“合作交流”是一个重要的学习过程。课堂讨论只是“合作交流”的重要形式之一，许多

教师只是简单、形式化地把课堂讨论等同于合作学习。合作学习，是指学生在学习群体中“为了完成共同的任务，有明显的责任分工的互助性学习”。进行合作学习，要从实际出发，不能搞形式主义。有时一人不能解决的事，大家分工合作很有必要；而有时很简单的事，也要来讨论，就大可不必了。还有些教师让学生进行合作交流，组织讨论，很短时间讨论结束，学生不会回答，教师就迫不及待地说出早已准备好的标准答案并作具体分析。我们姑且不去考虑所呈现的问题的价值，也不去考虑呈现方式的科学性，试想想，讨论时间这么短，思维无法打开，合作仅具形式而已。因为没有时间保证，探究就更无从谈起。这怎能培养学生合作学习的习惯和创造精神？

还有一种情况，学生还没怎么进行自主探究，便热衷于互动交流，讨论、辩论非常热烈，学习气氛也非常活跃，可是往往忽视独立思考和自主训练。在教学中必须强化学生独立自研、自做的能力和习惯的培养，提升他们独立学习的能力。我们应把自学、自做与交流讨论严格区分开来，先让学生自学自查后，再进行讨论交流。对学案要收回认真查阅，从中发现学生学习中的问题，加以个别或整体的纠错辅导。还要有阶段性纠错措施，促进每位学生自主探究能力的提升，训练独立学习的规范性，提升效率，实实在在地落实高效的学习过程。

5. 自主探究就是自由探究，放任自流，不能确保学生自主学习的有效性

有些教师认为学案中很多内容是安排学生自主、合作、探究，课堂教学模式主要是让学生通过自主学习掌握知识，结果课堂上多数时间采取了“放羊式”教学，该讲的也不讲，该引导的也丢给学生去“死啃”，需要教师归纳总结提升的也不要了，结果不只效率低，更重要的是出现了很多知识漏洞，学习内容支离破碎，学生不会的还是不会。

我们的模式强调学生的主体地位，把课堂还给学生，并不等于让学生放任自流，推卸教师的教育、指导责任。相反，教师的主导作用在学生的自主学习过程中是不容忽视、非常重要的。新课标把教师定位于学生学习活动的组织者、引导者、促进者，就是要求教师要有序、有效地组织好学生的学习活动，针对不同的教学内容、教学对象、教学过程给予适当的引导、扶持，促使学生的学习不断地向新的高度推进。另外，每堂课都带有一定的任务内容和目标指向，且受时间、空间的约束和限制，需要讲究一定的教学秩序和课堂纪律，所以说自主是一种受限制的自由。在自主学习中，教师要组织好课堂，努力营造良好的课堂氛围，来确保学生自主学习的有效性。

6. 共性化的学案，没能做到面向全体，分层施教

学案编写应体现教师对学生的循循善诱，要考虑到不同层次的学生，要让优等生看到挑战，中等生得到激励，学困生找到自信。要让每一个学生能参与并学有所得，从而提高学生学习的积极性和独立学习的自信心，使每一位学生都有一个积极健康的学习心态。但在实际编写过程中往往是教师一厢情愿，为了完成教学任务，按照自己的理解只是照顾到部分学生，或者使学习能力强的学生吃不饱，或者使学习能力差的学生吃不了。另外，有的老师在编写学案时，学习目标定得过高，问题的设计没有梯度，不是由浅入深，由易到难。所以编写学案必须根据学生现有的知识水平和认知能力，注意各知识点的层次。

7. 评价过于简单化，不能充分发挥评价促进发展的功能

有些教师对学生只是关注结果的终结性评价，而关注过程的形成性评价则较少，教师只看重结果，如果和所谓的标准答案相同就大加赞赏，与标准答案不一致就视为不正确而彻底否定，甚至还要说几句讽刺的话语。这导致学生只重结果，忽视过程，不能促使学生养成科学探究的习惯和严谨的科学态度，不利于形成良好的思维品质，会挫伤学生的学习积极性，遏制学生自主学习、主动探究的热情，限制甚至扼杀学生的创造精神。与之相反的情况是，有些教师过分运用“赏识教育”，对学生的探究和合作得出的结论，不管对错总是无原则地赞赏、肯定，但这种肯定的评价又过于笼统，很不明确，只是用“不错”、“很好”、“有道理”等语句，至于好在哪里，存在哪些问题，如何改进只字不提，学生一头雾水，这种做法严重影响了学生深入探究问题的激情。还有的教师评价指标单一，评价内容侧重于知识本身，对知识以外的内容几乎不作评价，评价不到的内容学生就不重视，更谈不上积极学习、主动探究了，这不利于学生的全面发展。以上种种过于简单化的评价，产生了较为严重的后果，使自主探究、合作交流式学习流于形式。

我们的“五过程学案式主体探索教学模式”还处于实践、研究过程中，在具体的操作中还有这样那样的问题，只要我们在新的教学理念指引下积极主动地进行教学反思，就会使这种以学案为载体的自主、合作、探究式学习方式不断实践探索，走向课改的康庄大道，从而使这一崭新的学习方式更臻成熟。

七、“五过程学案式主体探索教学模式”在学科教学中的运用研究

“五过程学案式主体探索教学模式”与语文五步阅读教学法

——阅读积累、欣赏感悟、交流评价、自由创作，生活中处处有语文

王永清

1. 课题的提出及意义

未来社会的文盲不再是不识字的人，而是不会学习的人，学会学习是信息社会合格公民的个人“护照”。面对社会的发展，教师

不再是传统单纯意义上的“传道授业解惑”者，正如德国教育家第斯多惠所言“一个不好的教师奉送真理，一个好的教师则教人发现真理”，新时代呼唤教师授人以渔，让学生终生受益。因此，教育教学必须围绕四种基本学习能力来重新设计、重新组织，这种基本的学习能力也称教育的四大支柱，即学会求知的能力、学会做事的能力、学会处事的能力、学会发展的能力。其中第一条的学会求知即学会学习，如何培养学生自主学习语文的习惯和能力，成为当务之急，现谈谈我在语文教学实践中探索如何将“阅读积累”“欣赏感悟”、“交流评价”、“自由创作”、“生活中处处有语文”的阅读教学方法结合我校的“五过程学案式主体探索”教学模式来提高学生的语文自学能力和语文素养的途径，以切实贯彻落实新课程所提倡的“自主、合作、探究”的学习方式，努力实现语文学习的“三维”目标。

2. 设计学案的主要内容

按照新课程语文阅读教学的基本形式，学生的阅读学案设计分五部分内容：

(1) 阅读积累：包括课前活动记录、作家作品、生字生词、文章主要内容及中心思想、文章思路结构、写作方法。

(2) 欣赏感悟：包括问题质疑、精彩句段评析、我的感悟。

(3) 交流评价：指学生阅读后交流自己的独特体验、感悟、启示，在互相交流评价中共同提高，在教师的评价中获得点拨。(包括自我评价、小组评价、教师评价)

(4) 自由创作：指学生阅读后的自主创作，可以是文字表述，也可以是书画表述。

(5) 生活中处处有语文：语文积累学案。

(学案附后)

3. 学习方法与步骤

“学案式”阅读教学的学习过程分为五个步骤：自主探究、合

作交流、师生互动、精讲点拨、质疑问难等五个过程。

第一步：自主探究（完成学案的“阅读积累”、“欣赏感悟”、“自由创作”和“生活中处处有语文”部分）。

这是“学案式”学习的核心部分，所学的大部分内容要在这个环节由学生自主独立完成。

具体方法：遵循“先学后教”的原则，教师先组织引导学生自主学习，独立完成“学案”设计的1~3部分内容。教师在台下认真监督、指导、检查，确保每个学生都动脑动笔，重在落实每个学生的学习过程和学习结果，逐渐培养起学生的自学习惯、自学方法、自学能力和速度。

大部分学生依赖性较强，学习的主动性和良好的学习习惯欠缺。一上课，他们就希望教师详细地讲解课文，从段落大意到中心思想，从生字词注音、解释到语段、句子的含义，自己则认真、虔诚地做着笔记，听着教师滔滔不绝的解析，即使以前学过的和课文有注释的内容，也要教师重复一遍，不然心里就不踏实。鉴于此，我强调学生养成如下学习习惯。

(1) 习惯于动笔。

俗话说“雁过留声”，学生每读一篇课文，我都明确要求他们用笔勾画，圈点出自己喜欢的句子，并作简单的评论，填写在学案的“精彩语段评析”处；同时学案上设计了“主要内容和中心思想概括”部分，以培养学生在阅读的过程中抓要点、会概括的能力。或根据教师的提问，筛选出重要信息，作出相应解答。徐特立有一条宝贵的读书经验：不动笔墨不读书。因此，在阅读中我特别强调圈、点、勾画、写的重要性，而且在检查、督促和鼓励方面下的工夫较多，以便使学生在教师的帮助下养成动笔习惯。

同时，在学案中还专门设计了“生活中处处有语文”部分，从每天积累一则广告语、名言、成语、格言、谚语、歇后语，每周两首喜欢的课外诗文（包括赏析）入手，增加学生语文的积淀和

素养，达到“厚积”的目的。

(2) 习惯于动手。

我要求每届学生都备齐《新华字典》《现代汉语词典》和《古汉语常用词词典》。学习、写作中随时查阅，解决生字词，并要求学生结合课文注释阅读文章，理解词语在不同的语境中不同的含义，在学案中专门设有“生字生词”积累部分，便于学生根据自己的需要随时积累补充。这既是一种良好的学习习惯的培养，又是一种语文学习能力培养的重要途径。

(3) 习惯于动口。

众所周知“读书百遍，其义自见”，实际就是强调反复诵读，在朗读的过程中学生自然会加深对课文的理解。同时，要求学生朗读时，要做到咬字清晰、感情丰富、节奏准确，培养学生正确的朗读能力。我在学案中设计了“我的感悟”一栏，目的是让学生就所阅读的文章动口发表自己的观点时有准备、有所依。学生表述时我着重培养的是感悟真实，观点明确，有理有据。

(4) 习惯于动脑。

阅读过程也是思维过程。因此，不能只是简单地浏览识字，我在学案上专门设计了“疑难问题”一栏，同时鼓励学生自问自答。设计的目的是要求学生在阅读过程中敏锐地发现问题，大胆地提出问题，对问题的解答也鼓励新思维、新思路。让学生学会遇到新文章新事物习惯于思考“是什么?”“为什么?”“怎么办?”这和学案中的“文章思路结构”部分一脉相承，以求在培养学生阅读能力的同时，也培养他们清晰的思维过程。

学案中的“我的感悟”，重在培养学生习阅读中思考、感悟，思考、感悟后及时记录的好习惯，让阅读有后续的高度和深度。

第二步：合作交流（完成“交流评价”部分）。

具体方法：第一步自学过程完成后，每个学生把自己的学习结果检查一遍，按要求完成自我评价。接着进行小组内部相互检查和

交流，并共同讨论疑难问题，进一步完善自学结果，形成共识，并给组内每位同学的学案做出组内评价。小组的合作交流特别注意互查、互赏、互补、互评的具体落实，在交换思想的同时，着力培养学生的合作习惯和合作能力。如有小组内部解决不了或统一不了的问题，则放到第三步“师生互动”中解决。小组合作交流过程中教师在台下指导，监控各组的交流情况，使其有组织、有分工、有序高效地进行。小组交流结束后，教师则根据学生自我评价和小组评价做出补充和完善，完成以鼓励和点拨为主的教师评价部分。这一过程中，做好以下几点尤为重要。

(1) 采取合理的分组方法，以培养学生良好的学习习惯。

分组是合作学习的第一步，关系到学生学习的进程和效果，只有遵循章法、科学分组方能养成学生良好的学习习惯。

①根据座位分组，便于课上就近交流。这就需要科任教师与班主任密切合作，在安排座位的时候就形成相对合适的合作小组。

②以任务为中心分组。这种分组法能能够尊重学生的自主权，充分发挥学生学习的主动性，激发学生的创造力，让学生不仅能体会到学习的乐趣，更能领略到成功的喜悦，但不易形成稳定的小组。

③小组长的确定很关键，直接决定小组交流合作学习的质量与速度。

(2) 合作学习应采取多形式。

形式多样的交流会、学习会让合作学习富有活力而生命持久，如专栏互赏、优秀学案推荐、“精彩质疑”讨论、你问我答、专题辩论等等。阅读课上最受学生欢迎的是“自由创作”一栏的交流。“自由创作”中允许学生就所读的文章依自己的理解和喜好特长，可以仿写，可以议论，可以化文为诗，还可以绘画剪贴……各显其能，往往一篇文章读完，一篇学案完成，学生作品异彩纷呈。学生既希望自己的成果被认可，同时也想看到佳作，交流展示往往成为

课堂的高潮。同时也为后面的自学做了较好的铺垫。

(3) 组织学生进行合作学习时，教师要做好适当的指导。

①合作前，教师要先让学生自主学习，独立完成学案所规定的内容。合作交流应在自主学习的基础上进行，若不能保证这一点，就不能发挥合作学习的有效功能，如果只有合作学习而缺乏自主学习，长此以往，学生的自主学习能力将会受到影响。

②合作学习过程中，教师应是学生学习的组织者、检查者、参与者、指导者和促进者。

首先教师要根据任务的难易程度和学生讨论的实际情况向学生明确提出时间要求；其次，在学生讨论过程中，教师要深入到学生中去，倾听并观察各小组的意见和行为，了解学生合作学习、讨论的焦点、认知的过程和已经取得的成果，及时掌握可供挖掘的教学资源，并在必要时给予合理的指导，同时注重过程评价，及时激励学生，形成既有合作又有竞争的良好氛围。

③阅读学习结束后，教师要按学案的要求及时进行学习评价，不求人人成功，但求人人进步。

小组合作学习把“不求人人成功，但求人人进步”作为教学评估的最终目标，把个人之间的竞争变为小组间的竞争，形成组内合作、组间竞争的格局。在这种目标结构中，小组成员有着共同的期望和目标定向，增强了“利益共同体”的集体荣誉感，从而激发学生参与学习、乐于学习的兴趣和动机，为培养与发展他们的合作精神、合作能力提供了无穷的动力。

第三步：师生互动。

具体方法：在学生已初步完成自学内容的基础上，通过学生的质疑、评析和教师的检查、提问、点拨及重点讲解等方式进一步深入完成“学案”设计中的1~3部分的内容。这一学习过程也可与教师的“精讲点拨”同步进行。

当然在这一环节中，培养学生说的能力，让学生真正动起来成了教学的核心，下面谈谈我在实践中是如何让学生说起来的。

(1) 鼓励学生，让学生敢说。

语文课堂不活跃的原因很多，学生不愿说，确切地说不敢说，是主要原因。开展活动，学生大多扭捏，不大敢说，更不敢主动表现。为了克服这种怕羞心理，首先要锻炼学生胆量，能大方地面对观众。在平时的教学中，我把“说话训练”和管理教育学生结合起来。当学生有了问题和困惑时，允许并鼓励学生通过和老师谈话来解决。在训练中，教师要反复给学生讲清说话的要求：讲普通话，语音清晰，态度自然；语句连贯，意思完整；内容具体，有条理性，并相应地开展各类活动：经典诗文诵读，课前三分钟交流与训练，学生主持语文综合活动课……常态而持久的说的训练让学生习惯于自然而从容地表达自己的观点。

(2) 循序渐进，让学生会说。

学生敢说了，还得会说。我开辟了由学生主讲的诗文欣赏课，口头作文课，热点问题、焦点问题辩论赛、讲故事谈感悟等活动促使学生自行查找资料，筛选信息，自写教案、同组审核通过并实习演练，使学生在提高口头表达能力的同时，综合素质也得到提升。吕叔湘先生在《关于语文教学问题》一文中说：“让学生在语言方面得到应有的训练，说起话来有条有理、有头有尾，不重复、不脱节、不颠倒，语句连贯、用词恰当，还愁他不会作文?”可见，学生会说了也就会作文了。

(3) 创设情境，让学生乐说。

为提高学生语文能力我想方设法让学生变被动为主动。

①角色转换。每周两节的诗文赏析课，我作一节示范课，另一节则交给学生，按姓氏每人一课挨着讲；隔周一节的口语交际和语文综合活动课也如此，这样每位学生都有机会登讲台作一回“小老师”。当然讲课学生在教师的指导下钻研教材、查阅资料、设计问题、备好教案甚至事先预讲是保证他们成功的基础。这样的训练

能有效提高学生的应变能力、组织能力、表达能力和思维能力，学生也很喜欢这样的活动，参与的积极性很高。有意思的是，你能从学生在讲台上的举手投足间看到你自己的影子，真是“身教重于言教”啊！同时因为自己有机会做老师，学生听课认真了，而且会从老师备课的角度听课了，一举几得。

②即兴活动。利用节假日，抓住机会，开展一系列语文活动，调动学生积极性，如在“三八”妇女节举办“我心目中的妈妈”作文竞赛；在“中秋节”开展“中秋趣谈”知识讲座；在“五四”青年节开展“我与东联”演讲比赛……

通过以上方式，学生语文学习的主动性提高了，自主学习的能力也逐步加强，阅读课上的师生互动就能真正的“互动”了。

第四步：精讲点拨。

这一环节也可与“师生互动”同步进行。教师的“讲”应重点放在学生自主学习、小组交流后的知识点拨、梳理、小结和重、难点的突破上。教师的“讲”要“精”，一般不要占用过长时间。

语文教学中的点拨，是最能体现教师底蕴之处。精彩的点拨，能激发学生的兴趣，启迪学生的思维，使语文课富有活力，魅力无穷。那么，语文教学中尤其是阅读教学中教师该如何点拨呢？结合多年的教学实践，我也谈谈自己粗浅的认识。

(1) 准确把握点拨之“点”。

所谓点拨，就是指在教学过程中给学生以指点，为学生拨开迷雾、障碍，激活学生的思维，让学生自行通彻、开窍。用个通俗的比喻来说，就是要把打开知识之门的钥匙交给学生，让学生自己去开启智慧之门。什么地方才需要把钥匙交给学生呢？那就是“有门锁的地方”，即文章重点、难点所在的地方，或能激发学生兴趣、启迪学生思维的地方。我们教师就应善于在这些点拨之“点”上下工夫，使点拨有的放矢。

①在关键处点拨。

点拨，着重于一“点”的拨动。一篇课文犹如一个沉重物体，而拨动的某一“点”，则是垫在杠杆下的一块石头，是个“支点”，起支撑杠杆的作用，有之，物体就能顺利移动。语文教学中的这一“点”，必然是文章关键之所在。也就是说，无论什么课文的点拨，都要点中要害，拨于关键。只有这样，才能激发学生思维的兴趣和热情，培养学生主动参与、积极探索的习惯和能力，引导学生进入勤于动脑、善于思考的殿堂。而不同的文章，其关键处往往各不相同。因此，即使是学生自主学习的阅读课，教师也必须熟读课文，准确把握文章的关键。使学生的自主学习因有老师的点拨而学会寻找关键之处，理解文章的真正要义。

②于有疑处点拨。

古人云：“师者，传道授业解惑也。”在“受业”的过程中，学生不可避免地会产生疑问，学案上“疑难问题”一栏的设置就是让学生将自主学习中所产生的疑问梳理之后写在上面，教师有针对性地进行点拨，化有疑为无疑。有疑处的点拨，既可引导学生联系自己熟悉的事物、生活，化生疏为熟悉，也可由教师用浅显易懂的语言去解说，化抽象为具体。总之，应设法帮助学生揭开心中的谜团，以获得“山穷水尽疑无路”之后的“柳暗花明”。

③于无疑处点拨。

有的文章看起来浅显易懂，实则暗含深意，而学生由于知识、阅历等方面的局限，往往难以发现其中奥妙，而以为已经完全弄懂了，毫无疑问。语文教育家叶圣陶先生说：“一篇文章，学生也能粗略读懂，可是深奥些的地方，隐藏在字面背后的意义，他们就未必能够领会。”其实，自主学习中学生就是因为发现不到“深奥些的地方”或隐藏有字面背后意义的地方，才会认为已经读懂了。因此，这时我们更要善于进行点拨，以让学生在无疑处生疑。学生有了疑问之后，我们再让学生进行思考、分析、讨论。疑问解决完了，课文中的深奥的或隐含的意义也就会被学生领会了。

(2) 精心设计点拨之问。

语文教学中的点拨，常常通过提问来实现。当学生无疑或自认为没有疑问时，教师就需要精心设计好问题来点透文章要义了。怎样设计问题呢？下面试举例说明几种常用的设计方式。

①向导式。这种类型的问题要如同向导一般，能引导学生准确把握课文的关键，为学生的自主学习、自主探究定向。如学生自学鲁迅的《孔乙己》时，我就设计了如下问题来点拨：“课文几次写到孔乙己到店给人们带来笑声和快活，这在内容和结构上分别有什么作用？课文通过哪些具体事例来表现孔乙己的性格？课文在记叙孔乙己的遭遇中，插有两次环境描写，这些环境描写有何作用？”这几个问题显示了本文的学习目的，把学生的注意力引到了课文的关键之处，使学生能有序地自主学习、自主探究。这种类型的问题，只三言两语，就能凸显重难点。

②发幽式。有些课文的精妙之处很隐蔽，看起来平淡无奇，学生读书时，往往一晃而过，体会不到其中的妙处。这时，我们就应把那些精妙之处点出来，让学生于无疑处生疑，进而去深入探究。如赏析李清照的《醉花阴》中“有暗香盈袖”的“盈”，是一个学生司空见惯的字，学生往往会不以为意，笔者教学时就设计了如下问题来点拨：“把‘暗香盈袖’中的‘盈’换成‘满’，行不行？为什么？”这个问题一提出，就立刻吸引了学生的注意力。他们先是为自己读诗文时压根儿就没有想到这些而感到十分惊讶，接下来，便是忙于去琢磨、比较、讨论。不久，他们就明白了：用“盈”更能写香气的浓郁和空灵，显得委婉含蓄，更能表现李清照的婉约风格。这种类型的问题，能培养学生深入品味语言的习惯。

(3) 积极创设点拨之机。

有些语文教师经常抱怨学生“太笨了”，“点而不通，拨而不开”。是不是真的学生太笨了，无法启发呢？其实不然，这只是因为这些教师没有“相机诱导”而已。语文教学中的点拨，还应选择一个合适的时机进行。否则，无论怎样点拨，都会白费功夫。

那么，语文阅读教学中的点拨时机该如何确定呢？我国古代的教育家孔子说："不愤不启，不悱不发。"意思是：不到学生心里想弄通而未弄通的时候，不要去启发他们；不到他们口里想说出来而不能说出来的时候，不要去启发他们。这学生"愤""悱"的时候，就是我们进行点拨的时机。

不过，点拨的时机并不是每时每刻都有的。这就要求我们积极运用各种方法去创设点拨时机。

①朗读法。

声情并茂的朗读，犹如澎湃的潮水一般，能引发学生的遐思，让学生走进作品的意境之中，获得审美情感体验。在教学抒情色彩浓郁的散文时，教师如能运用语调、表情的变化传导出文章的内容和情感，学生很快就会进入"愤"、"悱"状态。

学完朱自清的《背影》后，阅读课上推荐了朱自清先生的另一篇佳作——《荷塘月色》。《荷塘月色》是一篇情调别致的抒情散文。作者缘情写景，融情于景，忧肠愁绪流于笔端，憧憬与希望融入荷香月色之中。帮助学生自学此文时，笔者就紧紧抓住"这几天心里颇不宁静"这一文眼，建议学生试着用舒缓、沉静、无奈的声音来朗读，并自然流露出淡淡的喜悦和淡淡的哀愁。读完后，学生们都受到了强烈的感染，陶醉在荷香月色之中，即出现了点拨的好时机。

②激趣法。

常言道："兴趣是最好的老师。"如果我们能运用幽默的语言、矛盾的表象、生动的故事等激发学生学习的兴趣，学生就会产生强烈的求知欲，进入"愤"、"悱"状态。

如阅读赏析李白的《梦游天姥吟留别》一文的主题前，笔者就插入了这样一个小故事：

李白应召进宫时，满以为可以为国为民大展宏图了，高唱：

"仰天大笑出门去，我辈岂是蓬蒿人。"可是，他到了宫中却只做了一个陪皇上、权贵玩乐的"文学侍臣"，只能忍看权贵玩弄权术，于是终日赋诗饮酒。有一次唐玄宗要他草拟答蛮书，他竟借着酒意要高力士脱靴，杨国舅磨墨，杨贵妃拂纸，痛痛快快地戏弄了权贵们一番。不久，他便遭受谗言，以至连唐玄宗也对他不满了。一年后，李白就被"赐金放还"了。

这个故事，不仅使学生兴味盎然，而且还使学生理解了作者本人，为进一步点拨做好了准备，使学生能更迅速地理解本文蔑视权贵、渴望自由的主题。

③移情法。

教师把学生的感情引入诗文中去，使学生与诗文中的形象具有同样的情感，从而产生交流融合、升华共鸣，这就叫做移情。它也是创设点拨时机的有效方法。

如阅读曹文轩的《孤独之旅》时，我就先问学生有没有过特别寂寞、孤独无助的经历，接着让几个学生谈谈自己孤独时的心情和感受，然后再讲述文中杜小康的成长经历。听完后，学生们很快就理解了杜小康对友谊和关爱的渴盼，与杜小康产生了情感共鸣，这样课堂上出现了点拨的好时机。

语文教学中，教师运用饱含深情、富有感染力的有声语言去撩拨，往往能迅速创设出点拨时机。但是，阅读教学中，有时会"无声胜有声"。当学生比较紧张、缺乏信心时，我们不妨用用无声语言，或目光中充满着鼓励与信任，或脸上带着微微的笑意默默期待，或利用手势、体态，做些能活跃气氛、放松学生心情的动作。这些无声的语言，往往更易创造出和谐轻松的课堂气氛，激活学生脑细胞，使之迅速进入学习和思考的状态。

第五步：质疑问难

学案中专门设有"质疑问难"一栏，是因为我认为这既是新课标的要求，同时也是发挥学生主体作用、培养学生创新思维的极好方式之一。

(1) 质疑问难的重要意义。

①《语文课程标准》分阶段目标(7~9年级)阅读一项明确指出:对课文的内容和表达有自己的心得,能提出自己的看法和疑问,并能运用合作的方式,共同探讨疑难问题。可见具有质疑能力是学生应该达到的一项学习目标。

②培养学生的质疑能力是主体性教学的手段。

以学生为主体,让学生生动、活泼、主动地得到发展,是素质教育的灵魂,离开学生的主体性,语文教育活动将一事无成,在语文教学中培养学生的质疑能力,让其主动自觉地去发现问题、解决问题,不失为发挥学生主体作用的一种好方法。

③培养学生的质疑能力是学生阅读的需要。

从阅读心理学角度来说,学生提出问题是有价值的。它的最大的价值就是有助于理解本身。辛格认为,积极的理解包括用问题来对课文进行反应,并在随后的阅读中去寻求对于这些问题的回答。因此,学生提出问题比回答教师提出的问题更为有效。柯林斯也认为,许多时候理解的失败,实际上乃是由于不能提出适当的问题。所以,培养质疑能力可以更快地提高学生的阅读理解水平。

④培养质疑能力是互动性原则的体现。

美国心理学家布鲁纳认为,现代教学中教师应与学生合作并积极倡导发现法,努力使学生用自己的思想来获取知识,培养技能。《语文课程标准》中说,语文教育应在师生平等对话的过程中进行,教师是学习活动的组织者和引导者。培养学生的质疑能力,搭建师生对话的平台,让课堂成为师生互疑、共同求学的场所,真正做到师生互动。

(2) 在教学中如何培养学生质疑能力的方法。

①创设宽松的氛围,营造质疑的环境。

历来师道尊严,教师享有绝对的权威,学生即使有疑,可能也被吓到九霄云外去了。而“学起于思”,不断发现问题、提出问题是学生思维活跃的表现,也是学生勤于动脑、勤于思考的表现。因

此，要引导学生质疑，创设一个轻松愉悦、民主平等的学习氛围，至关重要。教师要充分尊重学生的主体地位，以平等的心态对待每一位学生，以亲切的微笑迎接每一个提问，以宽厚的胸怀容纳每一个幼稚无理的问题，如此民主宽松的课堂氛围，为学生提供了质疑的环境，为每一个敢问不会问，会问不敢问的同学解除了后顾之忧，而学案中“疑难问题”一栏的设置使学生的质疑不受时间和空间的限制，环境更为宽松。

②扩大质疑的空间，培养质疑的兴趣。

宋代哲学家张载说：“可疑而不疑者，不曾学，学则须疑。”一个善学的人，“疑”将贯穿其学习的全过程，而一堂课的时间是有限的，如果不能使学生将其疑提出并加以解决，长久下去，学生质疑的兴趣会大大降低。那怎样保持学生对质疑的兴趣呢？必须扩大质疑的空间。不仅可以在课堂上质疑，课外也可以质疑，不仅可以对老师质疑，学生家长亲朋好友都可成为质疑的对象，不仅可以对语文所学内容质疑，而且可以对相关知识、相关学科质疑。扩大质疑空间，可以引发学习探索的内驱力，培养质疑的兴趣和能力。

③扬起质疑的勇气，树立质疑的信心。

素质教育要面向全体学生，要求全体学生都积极主动地参与学习，但是在学习的过程中，有不少同学缺乏主动性，尤其是中差生，他们大多在那儿等着你去灌输他，他们也许是怕惹笑话，也许是怕抬不起头来，因此激发他们的质疑动力，树立他们的质疑信心就十分必要了。教师要鼓励他们大胆质疑，给他们质疑的机会，给他们更多的关爱，教他们学会“我要说”、“我要问”、“我能行”等“学习心语”，让他们主动地进入自觉学习状态。

④指导质疑的方法，提高质疑的能力。

教学方法是教师的“工具”，学习方法是学生的“工具”，只有这两种“工具”结合起来，才能发挥整体作用，对学生来讲，学习方法作为“工具”，内化为学生的认知结构系统，才会形成学习能力。学生在质疑时，往往不知如何质疑，这就需要教师加强对

学生质疑的指导，学会质疑，形成能力。学案的设计可以让学生就整篇文章了解质疑的范围，如：对作家作品的了解；生字、词语的选用；文章的主要内容、中心思想；文章的思路结构；写作方法技巧；精彩句段的选择等等；可以在难点处质疑，困惑处求疑，在关键处求疑，尤其是在无疑之处能求疑；还可以告诉学生要想提出问题，提出好问题，就要熟读课文，熟读才能深思。集体的智慧是无穷的，教师参与，小组讨论，发现问题，解决问题，在不断的实践中提高质疑能力。巴尔扎克曾经说过："打开一切科学的钥匙毫无疑义的是问号。"在大力提倡素质教育促进人的发展的今天，实施开放性教学，培养学生问题意识，提高学生质疑能力，最大限度地发展他们的创新思维能力，这无疑是我们一线教师在教学中应该孜孜追求的。

总之，作为一名语文教师，在阅读教学中，我要求自己必须更新教学思想和课堂教学方法，面向全体学生，关注每个学生的发展，培养学生积极主动自主、合作、探究的良好学习品质和学习习惯，让每一位学生都能积极参与到课堂学习活动中来，使每一位学生都能得到及时帮助和健康发展。经过三年的实践与探索，经过中考的检验与洗礼，证明了"五过程学案式主体探索"与"阅读积累、欣赏感悟、交流评价、自由创作、生活中处处有语文"的语文阅读教学模式的有效结合确实是整体提高学生语文学习能力和语文素养的好途径。

附：语文五步阅读教学法学案

阅读·积累·欣赏·感悟·创作

——语文学习五步曲

王永清

班级：________ 姓名：________ 时间：________

阅读·积累　　　　阅读时间＿＿＿＿年＿＿月＿＿日

课前活动记录	
文章题目	
作家作品	
生字生词	
主要内容	
中心思想	
文章思路结构	
写作方法	
疑难问题	

欣赏·感悟 阅读时间________年____月____日

<table>
<tr><td rowspan="2">精彩句段评析</td><td>我最喜欢的段落（摘抄）：</td></tr>
<tr><td>我喜欢的理由：</td></tr>
<tr><td rowspan="2">我的感悟</td><td>题目：</td></tr>
<tr><td></td></tr>
<tr><td rowspan="3">评价</td><td>自我评价：</td></tr>
<tr><td>小组评价：</td></tr>
<tr><td>教师评价：</td></tr>
</table>

创作·评价　　　阅读时间＿＿＿＿＿年＿＿月＿＿＿日

＿＿＿页至＿＿＿页大约字数＿＿＿＿

<table>
<tr><td rowspan="2">自
由
创
作</td><td>题目：</td></tr>
<tr><td></td></tr>
<tr><td></td><td>评价：</td></tr>
</table>

生活中处处有语文　　　阅读时间＿＿＿＿年＿＿月＿＿日

＿＿＿页至＿＿＿页　大约字数＿＿＿＿

广告语		
名言格言		
成语		
谚语		
歇后语		
诗词赏析	原文	
	名句	
	赏析	

初一思想品德“五过程学案式主体探索教学模式”课改的实践与思考

杨 琪

伴随着我校进行“五过程学案式主体探索”教育教学的探索与改革，在学校“三精”发展的目标下（即通过精细化的管理促进精致化的办学通过精致化的办学，实现学校精品化的发展），我们初一思品备课组也积极而认真地践行学校的课改教学理念，在课堂中贯彻“实”、“巧”、“好”的指导思想，实行课堂精细化管理，追求精致的教学，呈现给学生精品的课堂。在探索中前进，在前进中探索。一学期的辛勤探索，让我们在总结回望时，感到了收获的喜悦。我们的收获一方面是自身随着新课程一起成长，感受到了自我提升的愉悦；而另一方面，也是很重要的一方面，是我们的努力得到了学生的认可和欢迎。

1. 课改内容

我校的“五过程学案式主体探索”教学模式是在借鉴了东庐中学、洋思中学的讲学稿和先学后教的模式基础上，自主研发的一项课改实验，它是在新课程理论基础上，组织学生进行“自主、合作、探究”式学习，合理呈现“自主探究”、“合作交流”、“师生互动”、“精讲点拨”、“巩固训练”五个过程，注重知识应用和学习能力的培养，应用巧妙的教学手段从而将新课程教学的三维目标落到实处，达到好的教学效果。初一作为起始年级，应把学生自学和合作学习的过程作为重点研究内容。

2. 运用的教学理念

（1）重视预习，将预习纳入课堂设计的一个重要环节，不预习不上课。

（2）充分相信学生的自我学习、钻研的能力。

（3）个人自学与小组合作相结合。

(4) 师生关系平等亲切、和谐互动，课堂洋溢民主氛围。

(5) 培养学生自主学习、解决问题的能力。

(6) 对学生进行创造性思维的训练。

3. 教学策略

(1) 略。

①以润物细无声的方式展示信息，给学生以真、善、美的陶冶，从而激发学生热情，充分感知信息，确保师生目标与情感的一致。

②创造协调和谐的教学氛围，促进师生间、学生间的相互尊重，互相交流思维感情，保证学生学习主动性的发挥，形成可持续发展学习能力。

③创设问题情境，提出问题要鲜明而具有针对性，难度要符合学生认识水平的最近发展区域，使学生思维不断提高。

(2) 学的策略。

学生要养成尊重别人意见的好习惯，养成探讨、研究的学习好风尚，积极参与集体讨论并大胆发挥自己个性，使学习始终处于“问题——讨论——探索——解答”的积极状态，积极主动地去感知和体验，实现由被动学习向主动学习的转变。

4. 课改的方法和开展的情况

(1) 全组教师积极参加课改理论的学习培训。

观念是行动的先导，课程改革需要以先进科学的理念来指导工作。每学期开学和学期中间，学校采取校级培训与自我学习相结合的原则，认真深入地组织学习课改理论。课改的核心在于要把讲堂变学堂，要真正充分调动和发挥教师的主导作用与学生学习的主体作用，让学生发扬团队精神，进行学习合作，努力自主地探求新知识。新来的老师在备课组内由组长单独培训。

(2) 积极组织备课组认真实施课改实验方案。

根据学校制订的实验方案，明确了政治课堂改革实验的目标、

任务与方法，规范了实践活动的操作原则、探究内容和实施步骤。我们备课组以我为备课组长，组织赵亚萍老师进行集体备课，详细分工。教学课件进行分段分工制作，然后进行集体审阅，后再运用于课堂教学。在每次进行教学前，每位老师要写好学案，理清教学思路，准确把握教学的整体过程和每个具体的细节，做到运用自如，流畅教学。同时年轻老师在上每节新课前要听老教师的课，老教师也要听年轻老师的课，同时，在课后还要认真按“五过程主体探索教学模式”的要求进行评课，及时总结课改的经验教训，重点讨论每堂课的不足之处和改进措施。

5. 课堂学习流程

（1）课前新闻播报。

在预备铃响后，全体同学就要做好准备，每节课都有一名同学播报新闻（课代表安排全班同学轮流制），上学期开始我们的目标一是让学生学会选择新闻，二让学生能够结合课本所学知识进行简单的点评。本学期我们又加入了让学生在听完新闻后，将新闻记录在学案所留的空间，然后再进行点评。锻炼学生说、记、运用的能力。

（2）朗读课标。

这部分内容在设计时只给出学生必须明确的内容，不能太多，否则学生在开始就会感觉到压力，思维容易混乱。这一环节主要是让学生能够带着问题去思考、学习、回顾。

（3）自学探究过程。

①自主学习：这部分在设计时一般都是本课的主干知识或基本理论，教师将问题排序后，学生自学课文，教师不做解释，即使有大部分同学感到困难的问题也不做引导启发，最好在整个过程中默不作声，但可以在台下巡查，督促学困生，了解学生的自学程度，给予学生充分的思考空间，发挥出每一个学生的积极性、主动性。之后还要有小组间的互查与简单的交流合作。这部分任务必须明

确，要求学生必须做好课本批注。

②点击思维、小组合作讨论：这部分在学案的设计中不宜多，最多两个问题，设计时问题的难度比自主学习的难度大，但也要在自学的基础上由小组组长组织全组学生共同讨论解决。选出代表在班级发言。这部分内容的学习可以随意穿插，不必固定。

（4）导学过程。

即师生互动、精讲点拨。师生互动穿插在各个环节，精讲点拨要将全班共性的较难的问题交给教师解决，不只将结果或答案讲给学生，还要教给学生解决问题的方法、思路、窍门。将重点和学生难以理解的内容作精讲，不是从头到尾再将知识点讲一遍，最后教师要小结，要求学生做好课堂笔记。

（5）课堂训练。

练习题多是基础题，学生互改或老师集体点拨都可，拓展提高和选做题作为课后作业，但是控制在10分钟左右即可做完。教师要全批全改，同时看看学生课上的学习和听课情况。

（6）学后心得。

学生记录这节课给他带来的收获或者个人的感受。教师写教学反思。

6. 反思及改进措施

“五过程学案式主体探索教学模式”经过我们备课组老师们一学期的教学践行，有成功、有收获，但也有许多教训和需要及时改进的一些问题。

值得肯定的在于，一是老师们的教学观念有了很大的转变，这种转变同时把老师们的教学积极性调动起来，能主动学习有关理论和探索教学方法，提高自身能力。现在变得有一定信心、具有一定的驾驭学习型小组课堂的水平和能力。二是学生交流思想的方法，取长补短、互帮互学，团队精神、与他人合作共同完成任务的能力在逐步地培养和形成。

但是，通过一定时期的教学实践，我们初一备课组的老师们，也深深地感觉和认识到，在尝试性的课程改革中，还存在着许多值得反思的问题。一是“五过程主体探索”教学，究竟怎样科学合理地把握和运用，“五过程”突出的重点和各环节的有效把握，是应该存在较大差异的，不能一概而论。对于初中政治课来讲，主要是对学生进行思想品德和行为习惯的养成教育，使学生懂得一些做人的道理，懂得我国的一些传统文化思想观念的知识。这就要求我们在教学中，不能只注重知识性的教学，要在教学的激趣性和形式的多样性方面下工夫，要真正使学生在教学中动起来，说、议、辩、演、行等有效结合，能在一堂课后得到很好的人生观、价值观和世界观教育。但现在我们地区仍然实行闭卷考试，知识性的东西必须要学生记住，如果课上不强调、总结，课下要求学生记忆，老师的检查督促又跟不上，效果优势不明显，表现在学生的选择题和判断题以及开放题质量较高，但材料分析和说明理由的题目，学生的回答往往不在关键点上，或不能完全按照学科理论作答。

以上是我的一点不成熟的想法，不足之处请各位领导和同行们指正，相信通过大家的共同努力，我们一定会有更大的进步。

八、“五过程学案式主体探索教学模式”课堂教学展示课实录

《福楼拜家的星期天》课堂实录

课题：《福楼拜家的星期天》

授课班级：初二50班

授课人：东联现代中学　李素贞老师

授课时间：2009年5月12日

【授课过程】

导入：（1分钟）

师：今天，我们来认识四位举世闻名的大作家。这四位大作家的形象，被著名的法国文学家莫泊桑精彩逼真地记录在散文《福楼拜家的星期天》中，下面我们就来学习这篇课文（板书课题、作者）。

自主学习：（10分钟）

师：下面我们走进课文，深入理解文章内容，请同学们自由读课文，完成学案上的内容：

1. 说明故事发生的时间________地点________；

核心人物是（谁）____________；

依次出场的是（谁）____________；

出场的标志性词语是哪些____________；

文章是按照什么顺序写的____________。

2. 简要概括本文内容。

____

____

自学完之后，四人小组合作交流，教师请小组选代表发言。

生：时间：星期天。地点：福楼拜家，六层楼的一个单身宿舍。

生：核心人物是福楼拜。

生：“第一个来到的往往是伊万·屠格涅夫”。

生：“过了一会儿，都德也来了。”

生：“接着来的是左拉。”“渐渐地，人越来越多。”

师：从这些句子判断，文章按照什么顺序把这些作家串联在一起？

生：时间顺序。

生：这篇课文讲的是福楼拜家的星期天，客人们都会到这里聚

会，课文着重写了四位作家的肖像、语言、动作，展示了他们的性格特点。

师：请各小组内相互检查每个成员的学案完成情况，补充、完善学案上的内容。

合作交流：（10 分钟）

师：福楼拜是莫泊桑文学创作的启蒙导师，他曾对莫泊桑说：“你所要说的事物，都只有一个词来表达，只有一个动词来表示它的行动，只有一个形容词来形容它。因此就应该去寻找，直到发现这个词。这个动词和这个形容词，而决不应满足于‘差不多’……”本文刻画了四位著名作家的形象，在人物描写上显示了作者莫泊桑卓越的才能。仔细阅读课文，试从文中找出人物描写的准确而生动的词语或句子，以验证福楼拜对莫泊桑的影响。

学生自学完成学案后，相互交流、评价、展示学习成果。

生：我认为“他的嗓音特别洪亮，仿佛在他那古高卢士式的大胡须下面，吹响着一把军号”。这句写得好，好在用比喻和夸张的修辞方法写出了福楼拜声音洪亮的特点。

生：我认为“他只用几句话，就勾画出某人滑稽的轮廓”中的勾画一词用得好，好在“勾画”与“轮廓”搭配得好，且与“几句话”前后呼应。

生：我认为“他们相同的思想、哲学观点和才能；共同的趣味、生活和梦想；相同的文学主张、狂热的理想和共同鉴赏能力与博学多识使他们两个常常是一拍即合，一见面，两人都不约而同地感到一种与其说是相互理解的愉快，倒不如说是心灵内在的欢乐。”一句话中的“一拍即合”用得好，好在准确而生动地写出了两位作家志趣相投，志同道合，是高山流水的知音。

师生互动、精讲点拨：（16 分钟）

共同探究作品如何运用人物描写来揭示人物的性格。

师：请同学分成四组来学习课文，看这几位作家分别具有什么样的性格特征，作者是怎样表现出来的？读一读，划一划，说一说。(每组分析一个人物形象，讨论交流，同时完善补充学案上的表格)

师：文中的主要人物是谁？你找出来的关于他的描写有哪些？

生：是福楼拜，我找出了他的肖像描写是“蓝色的大眼睛”、“古高卢斗士式的大胡须”。

生：语言描写“他的嗓音特别洪亮，仿佛在他那古高卢士式的大胡须下面，吹响着一把军号”。

生：还有“他可以用一句很明了很深刻的话结束一场辩论；一次思想的飞跃纵观几个世纪，并从中找出两个类同的事实或两段类似的格言，再加以比较。于是，就像两块同样的石块碰到一起一样，一束启蒙的火花从他的话语里迸发出来”。

生：“门铃一响……他总是亲自去开门。”“渐渐地，人越来越多……这时只见福楼拜做着大幅度的动作（就像他要飞起来似的），从这个人面前一步跨到那个人面前，带动得他内裙鼓起来，像一条渔船上的风帆。”

生：“最后，他的朋友们一个个地陆续走了。他分别送到前厅，最后再单独和每个人讲一小会儿，紧紧握握对方的手，再热情地大笑着用手拍打几下对方的肩头……”

师：从这些描写中看出福楼拜是怎样的一个人？

生：博学善辩。(板书)

生：可见福楼拜是一个热情好客、开朗豪放的人。

师：好！（板书：热情豪放）大家把最后一段齐读一下，把关键词语通过重读表现出来。

师：“第一个来到的往往是伊万·屠格涅夫。”你找出来的描写屠格涅夫的有哪些？

生：肖像描写的是“白的脸”。

生：语言描写是“用一种轻弱并有点犹豫的声调慢慢地讲着；

但是不管什么事情一经他的嘴讲出，就带上非凡的魅力和极大的趣味……谈话很少涉及日常琐事，总是围绕着文学史方面的事件。屠格涅夫也常常带来一些外文书籍，并非常流利地翻译一些歌德和普希金的诗句。”

生：动作描写是“仰坐在一个沙发上”。

师：谁能用短语概括一下屠格涅夫的思想性格特征呢？

生：博学多识。

生：老年持重。

师：不错。（板书：博学多识　老年持重）按照客人到来的先后顺序，依次来的是都德和左拉。（板书：都德　左拉）他们二人的性格特征是什么样子的呢？

生：都德活泼开朗，而且很幽默。

生：左拉不太爱说话，沉默寡言，但是坚毅聪慧。

课堂小结：（3分钟）

师：好！（板书：幽默健淡　活泼开朗　沉默寡言　坚毅聪慧）我有一个疑问，在对左拉的肖像描写中有这样一句话：“他的头……虽然不漂亮，但表现出他的聪慧和坚强性格。”大家想一想，我们平时随便看一个人，能不能通过他的头看出他是聪慧还是愚蠢、坚强还是软弱？

生：不能。

师：这都不是一眼就能直接看出来的，因此作者的这种肖像描写已不是纯粹的客观描写，而是用议论来发表自己的主观感受了，并把自己对左拉的敬佩之情融入其中。纯客观的自然描写就只能是“肥胖的脸，近视眼”，而在描写中插入议论抒情，能把人物的性格特点表现得更加鲜明，给读者留下深刻的印象。这一点对我们同学作文也很有启发。另外，为什么我们在读完课文之后就能说出四位作家不同的性格特征呢？

生：因为作者莫泊桑抓住了四位作家的不同特点，从肖像、语言、行动等方面进行了描写，把人物形象刻画得栩栩如生。

师：很好！由于作者善于观察，抓住了这四位作家的不同性格特征，人物在哪一方面最富有特点，就着重写哪一方面，谁能具体地说一说呢？

生：福楼拜是主人，性格热情豪放，重点写他的动作；屠格涅夫博学多识，主要写他的语言；都德生性健谈，因此描写时是肖像、语言并重；左拉沉默寡言，重在描写他的肖像和动作。

教师板书（仔细观察，抓住人物特点，运用多种描写方法，在描写中插入议论、抒情）

学生整理板书笔记。

巩固延伸：（10分钟）

师：刚才同学们谈得很好，都抓住了四位大作家的性格特征来进行描写，今后我们在作文中，一定要学习本文的写法来刻画人物。另外，平时我们还要注意留心观察人物的一言一行、一举一动。抓住那些最能反映人物特征的细节来展开描写。这样，你笔下的人物肯定会栩栩如生。现在我们来写一段文字，通过肖像、语言、行动描写表现班级里一位同学的思想性格特征。让大家来猜你写的是谁，如果一下子就猜对了，那说明你写得很成功。

动笔写作，教师巡视，请写好的学生展示自己的作品：

生：她虽然是女生，却梳着一头短发，发丝根根向上竖起，显示出了她的坚强，圆圆的脸上镶嵌着一双明亮的大眼睛，每当上课时，她总是炯炯有神，目不转睛，眼睛里的亮光充满着对知识的渴求，宽宽的大脑门更是透出无人可比的智慧，最可爱的是她走路的样子了，她走起路来一摇一摆，就像小鸭子，不。更像是小孩子得到了棒棒糖之后喜悦得不得了的样子。大家猜猜她是谁？

生：班长王佳荣。

师：王佳荣同学请站起来让大家认识一下，看看像不像？好吗？

（在听课老师的掌声中下课。）

附：《福楼拜家的星期天》学案设计

课题：福楼拜家的星期天　　　主备人：李素贞

审核人：初二语文组全体教师　授课时间：2009 年 5 月 12 日

【学习目标】

1. 查字典，看注释，读准每个字的音，掌握重点词语。

2. 理清文章脉络，把握文章内容。

3. 正确、流利、有感情地朗读课文。

4. 学习本文抓住特征运用语言、行动、外貌描写刻画人物性格的写法，叙述详略得当。

【学习重难点】

理清文章脉络，把握文章内容，学习运用语言、行动、外貌描写人物性格的写法。

【预习导学】

1. 查资料，了解以下作家作品。

莫泊桑：　　　　　　　　屠格涅夫：

福楼拜：　　　　　　　　左拉：

都德：

2. 给加点字注音。

鉴赏（　　）　白皙（　　）　捋着（　　）

活跃（　　）　义愤填膺（　　）　脚踝（　　）

荒谬（　　）　迸发（　　）

3. 解词。

迸发：____________________

不约而同：____________________

荒谬：________________

义愤填膺：________________

忘乎所以：________________

博学多识：________________

4. 根据课文内容完成下面表格。

人　物	肖　像	语　言	动　作	性　格
福楼拜				
屠格涅夫				
都德				
左拉				

【学习过程】

（一）导入（1 分钟）

（二）自主学习（10 分钟）

学生自由读课文，完成下面内容。

1. 说明故事发生的时间________地点________。核心人物是（谁）________，依次出场的是（谁）________，出场的标志性词语是那些？________

文章是按照什么顺序写的________。

2. 简要概括本文内容。

____

3. 本文刻画了四位著名作家的形象，在人物描写上显示了作者莫泊桑卓越的才能。仔细阅读课文，从文中找出人物描写的准确而生动的词语或句子。

____

____

我认为________用的好，好在________________；

我认为________用的好，好在________________________；

我认为________用的好，好在________________________。

（三）合作交流（10 分钟）

学生在自主探究的基础上，组织进行小组交流，小组长组织小组成员相互检查学习任务的完成情况和存在的问题，相互纠错、相互帮助、相互交流，让学生自己随机发现解决学生个体存在的疏漏和疑难问题。

（四）师生互动、精讲点拨（16 分钟）

共同探究作品如何运用人物描写来揭示人物的性格。

（五）课堂小结（3 分钟）

师生共同总结本节课的收获。

（六）巩固延伸（10 分钟）

通过学习，学以致用。试着应用人物描写的各种方法描写一个你熟悉的人。

____

（七）课后作业

1.《福楼拜家的星期天》阅读训练

渐渐地，人越来越多，挤满了小客厅。新来的人只好到餐厅里去。这时只见福楼拜做着大幅度的动作（就像他要飞起来似的），从这个人面前一步跨到那个人面前，带动得他的衣裤鼓起来，像一条渔船上的风帆。他时而激情满怀，时而义愤填膺；有时热烈激动，有时雄辩过人。他激动起来未免逗人发笑，但激动后和蔼可亲的样子又使人心情愉快；尤其是他那惊人的记忆力和超人的博学多识往往使人惊叹不已。他可以用一句很明了很深刻的话结束一场辩论。思想一下子飞跃过纵观几个世纪，并从中找出两个类同的事实或两段类似的格言，再加以比较。于是，就像两块同样的石头碰到一起一样，一束启蒙的火花从他的话语里迸发出来。

（1）用自己的话概括本语段的主要内容。

（2）本语段刻画人物的主要方法是________、________。

（3）在运用语言的准确和精炼上，福楼拜教导莫泊桑说："我们无论描写什么事物，要说明它，只有一个名词；要表示它的行为，只有一个动词；要区别它的性质，只有一个形容词。我们必须不断地推敲，直到获得这个名词、动词、形容词为止。不能老是满足于差不多，不能逃避困难，用类似的语句去敷衍了事。"试从本语段中找出这样的一个动词，以验证福楼拜对莫泊桑创作的影响。

（4）文中划线的句子使用了______修辞手法，它是将"________________"说成两块同样的石头碰到一起一样迸发出一束启蒙的火花。从这一形象的描写中，我们可以感受到福楼拜________________的性格特征，让人深受启迪。

2. 提高部分

阅读下文，回答5~10题。

①窗外荷荷地下着雨，天空黑得像一盘墨汁，风从窗缝里吹进来，写字桌上的台灯像闪眼睛一样忽明忽暗地闪了几下。我刚翻到《野草》的最后一页。我抬起头，就好像看见先生站在面前。

②仍旧是矮小的身材，黑色的长袍，浓浓的眉毛，厚厚的唇须，深透的眼光和慈祥的微笑，右手两根手指夹着一支香烟。他深深地吸一口烟，向空中喷着烟雾。

③他在房里踱着，在椅子上坐下来，他抽烟，他看书，他讲话，他俯在他那个简单的书桌上写字，他躺在他那把藤椅上休息，他突然发出爽朗的笑声……

④这一切都是那么自然，那么平易近人。而且每一个动作里仿佛都有先生的特殊的东西。你一眼就可以认出他来。

⑤不管窗外天空漆黑，只要他抬起眼睛，整个房间就马上亮起来，他的眼光仿佛会看透你的心灵，你在他面前想撒谎也不可能。不管院子里暴雨如注，只要他一开口，你就觉得他的每个字都很清

楚地进到你的心底。他从不教训人，他鼓励你，安慰你，慢慢地使你的眼睛睁大，牵着你的手徐徐朝前走去，倘使有绊脚石，他会替你踢开。

⑥他一点也没有改变。他还是那么安静，那么恳切，那么热心，那么慈祥。他坐在椅子上，好像从他身上散出来一股一股的热气。我觉得屋子里越来越温暖了。（节选自巴金《秋夜》）

（5）给下列加点字注音。

荷荷地：　　　　　　　　踱着：

（6）理解“倘使有绊脚石，他会替你踢开。”一句中“绊脚石”的含义。

（7）试分析，语段中⑤的人物描写，表现出先生怎样的精神品质？

（8）归纳语段的主要内容。

（9）判断下列语句，找出不是人物描写的一句（　　）

A. 我抬起头，就好像看见先生站在面前。

B. 他抽烟，他看书，他讲话，他俯在他那个简单的书桌上写字，他躺在他那把藤椅上休息，他突然发出爽朗的笑声……

C. 仍旧是矮小的身材，黑色的长袍，浓浓的眉毛，厚厚的唇须，深透的眼光和慈祥的微笑，右手两根手指夹着一支香烟。他深深地吸一口烟，向空中喷着烟雾。

D. 他坐在椅子上，好像从他身上散出来一股一股的热气。

（10）试从下列词语中选出 3 ~ 5 个连成一段话，使它能表达一个完整的意思。

鉴赏　魅力　滑稽　钦佩　涉及　琐事

捋　脚踝　荒谬　义愤填膺　迸发

【教与学反思】

（略）

《三角形全等的判定 SSS》课堂实录

课　题：三角形全等的判定 SSS

授课班级：初二 51 班

授课人：东联现代中学　赵霞老师

授课时间：2009 年 5 月 11 日

【教与学过程】

复习过渡引入新知

师：如图，如果$\triangle ABC \cong \triangle A'B'C'$，试找出其中相等的线段和角。

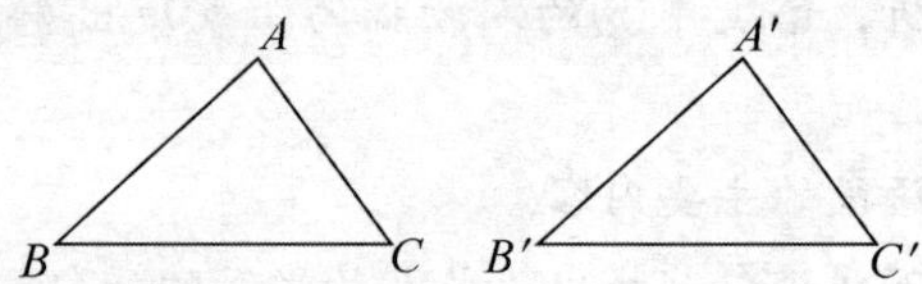

生：图中相等的边是：$AB = A'B'$，$BC = B'C'$，$AC = A'C'$

相等的角是：$\angle A = \angle A'$，$\angle B = \angle B'$，$\angle C = \angle C'$

学生回答，老师板演。

自主探究一

问题 1：如果$\triangle ABC$与$\triangle A'B'C'$满足三边对应相等，三个角对应相等，

即：$AB = A'B'$，$BC = B'C'$，$AC = A'C'$

$\angle A = \angle A'$，$\angle B = \angle B'$，$\angle C = \angle C'$

这六个条件就能保证两个三角形全等吗？为什么？

生：能，因为满足这六个条件的两个三角形的形状大小完全相同。

师：那么$\triangle ABC$与$\triangle A'B'C'$全等是不是一定要六个条件呢？满足上述六个条件中的一部分是否能保证两个三角形全等呢？

学生活动：学生思考后各抒己见，老师让学生保留意见，为以

下探究做好铺垫。

自主探究二

师：下面我们共同来探究上面的问题。

问题1：$\triangle ABC$ 与 $\triangle A'B'C'$ 满足上述六个条件中的一个有几种情形？满足上述六个条件中的两个有几种情形？

学生活动（合作交流）：分组讨论得出，满足一个条件有两种情形：一条边或一个角；满足两个条件有三种情形：两条边、两个角、一边一角。

老师活动：深入各组引导学生分别从“角”和“边”的角度分析一个条件、两个条件各有几种情形。

问题2：现任意画一个$\triangle ABC$，再画$\triangle A'B'C'$，使$\triangle ABC$ 与$\triangle A'B'C'$满足上述六个条件中的一个或两个，你画的$\triangle ABC$ 与$\triangle A'B'C'$一定全等吗？试一试。

学生活动（合作交流）：以四人小组为单位，分组讨论完成，然后汇报。

老师活动：深入小组参与活动，倾听学生的交流，并帮助、指导学生逐一比较各种情况。

学生汇报：

生1：满足一个条件时，两个三角形不全等，因为其他条件不相等，两三角形形状大小都不一样。（学生边说边画图）

生2：两个三角形只满足两个角相等时不全等，比如老师用的有30°角的大三角尺与学生用的有30°角的小三角尺。

生3：两个三角形满足两条边相等时可以用画图说明不全等，例如：

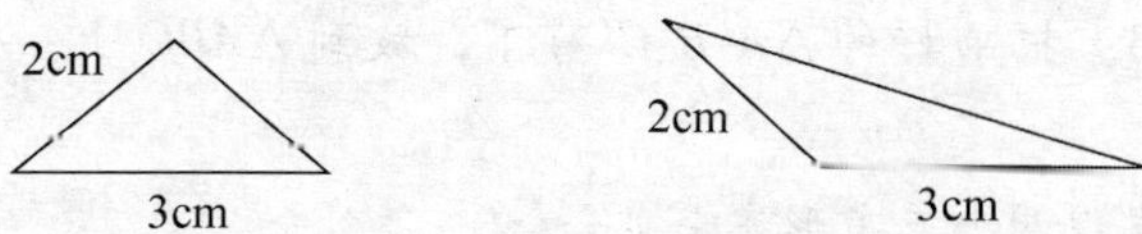

生4：两个三角形满足一边一角相等时也可以用画图说明不全

等，例如：

师：通过上述探究大家能得出什么结论呢？

生：当两个三角形满足六个条件中的一个或两个时，两个三角形不一定全等。

自主探究三

问题1：满足上述六个条件中的三个条件，能保证$\triangle ABC$与$\triangle A'B'C'$全等吗？我们可以分情况讨论，有哪几种情形。

生：有四种情形：三个角、三条边、两边一角、两角一边。

师：在刚才的探索过程中，我们已经发现三个角对应相等不能保证两个三角形全等。下面我们先探究两个三角形三边分别对应相等这种情形。

问题2：先任意画一个$\triangle ABC$，再画$\triangle A'B'C'$，使$AB=A'B'$，$BC=B'C'$，$AC=A'C'$，你能画出满足上述条件的$\triangle A'B'C'$吗？想一想应该怎样画呢？

学生活动：先独立思考并尝试着画图，然后小组交流，会的学生给不会的学生讲。

老师活动：深入各小组，发现学生画图时存在的问题，并给予指导。最后学生汇报时老师板演，同时强调学生叙述画法时规范地使用几何语言。

问题3：把画好的$\triangle A'B'C'$剪下，放到$\triangle ABC$上，你发现了什么？

生：发现两个三角形完全重合。

问题4：通过上面的探究你能得出什么结论？

生：三边对应相等的两个三角形全等。

师边板演边总结：上述结论就是判定两个三角形全等的一个方法，可以简写成“边边边”或“*SSS*”。

问题5：我们曾经做过这样的实验：将三根木条钉成一个三角形木架，这个三角形木架的形状、大小就不变了，你能解释其中的道理吗?

(学生思考后回答)

师：用上面的结论可以判断两个三角形全等。判断两个三角形全等的过程叫做证明两个三角形全等。

师生互动、精讲点拨

例题：如图，$\triangle ABC$ 是一个钢架，$AB=AC$，AD 是连接点 A 与 BC 中点 D 的支架。

求证：$\triangle ABD \cong \triangle ACD$

师生活动：学生独立思考，然后分析、讨论，相互交流，最后汇报。老师板演法：先分析问题中的已知条件，再找出两个三角形全等还需要的条件。

巩固训练：学案上的课堂训练。

课堂小结：小结方法及结论，并回顾本课对知识的研究探索过程。

课堂作业：学案上的必做题和选做题。

教学反思

1. 本节课给学生提供了“主动参与、自主探索、合作交流”的空间，使每一个学生动手、动口、动脑参与到数学学习过程之中。

2. 从设置提出问题，到动手操作、交流，直至归纳得出结论，整个过程学生不仅得到两个三角形全等的条件，更重要的是经历了知识的形成过程，体会了一种分析问题的方法，积累了数学活动经验。

3. 本节课重在学生自主探究，由于学生活动较多，组织调控还需加强，以便留出更多的时间进行巩固训练。

附：《三角形全等的判定（SSS）》学案设计

年级：初二　课题：三角形全等的判定（SSS）课型：新课

主备人：赵霞　审核人：苏文香　时间：2009 年 8 月 31 日

姓名__________　班级__________　上课时间__________

【学习目标】

1. 掌握 SSS 条件的内容。

2. 能初步应用 SSS 判定两个三角形全等。

3. 使学生经历探究三角形全等条件的过程，体验用操作、归纳得出数学结论的过程。

【学习重点】

边边边条件。

【学习难点】

探究三角形全等的条件。

【学习方法】

探索研究发现法。

【学习过程】

自主探究一

问题：(1) F 如图，如果 $\triangle ABC \cong \triangle A'B'C'$，试找出其中相等的线段和角。

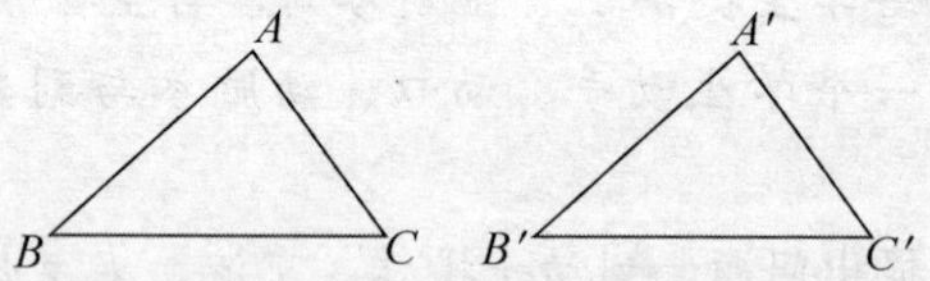

(2) 如果 $\triangle ABC$ 与 $\triangle A'B'C'$ 满足三边对应相等，三个角对应相等，即

$AB = A'B'$，$BC = B'C'$，$AC = A'C'$

$\angle A = \angle A'$，$\angle B = \angle B'$，$\angle C = \angle C'$

这六个条件就能保证两个三角形全等吗？

（3）$\triangle ABC$ 与 $\triangle A'B'C'$ 全等是不是一定要满足六个条件呢？满足上述六个条件中的一部分是否就能保证两个三角形全等呢？

自主探究二

问题：（1）$\triangle ABC$ 与 $\triangle A'B'C'$ 满足上述六个条件中的一个有几种情形？满足上述六个条件中的两个有几种情形？

（2）现任意画一个 $\triangle ABC$，再画 $\triangle A'B'C'$，使 $\triangle ABC$ 与 $\triangle A'B'C'$ 满足上述六个条件中的一个或两个，你画的 $\triangle ABC$ 与 $\triangle A'B'C'$ 一定全等吗？试一试。

自主探究三

问题：（1）满足上述六个条件的三个条件，能保证 $\triangle ABC$ 与 $\triangle A'B'C'$ 全等吗？我们可以分情况讨论，有哪几种情况。

（2）我们先探究两个三角形三边分别对应相等这种情况：

先任意画一个 $\triangle ABC$，再画 $\triangle A'B'C'$，使 $AB = A'B'$，$BC = B'C'$，$AC = A'C'$，你能画出满足上述条件的 $\triangle A'B'C'$ 吗？想一想应该怎样画。

（3）把画好的 $\triangle A'B'C'$ 剪下，放到 $\triangle ABC$ 上，你发现了什么？

（4）通过上面的探究你能得出什么结论？

（5）我们曾经做过这样的实验：将三根木条钉成一个三角形木架，这个三角形木架的形状、大小就不变了，你能解释其中的道理吗？

合作交流

在组织学生独立自学后，组织进行小组交流，小组长组织成员相互检查学习任务的完成情况，相互纠错、相互帮助、相互交流。通过自学、交流、互助，掌握课本的基本知识和解决基本问题。

师生互动、精讲点拨

例题：如图，$\triangle ABC$ 是一个钢架，$AB = AC$，AD 是连接点 A 与

BC 中点 D 的支架。求证：$\triangle ABD \cong \triangle ACD$

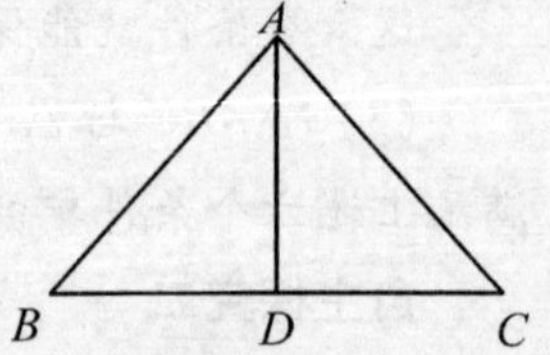

巩固训练

已知：如图，$OA = OB$，$AC = BC$. 求证：$\angle AOC = \angle BOC$

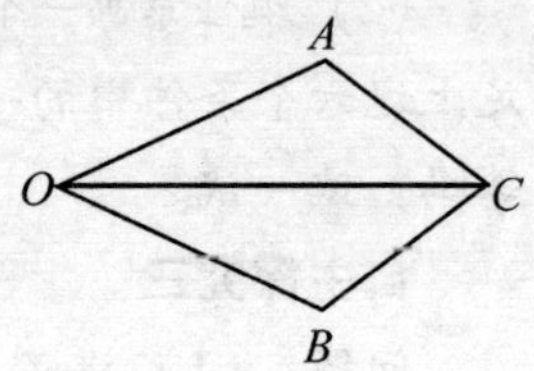

课堂作业

Ⅰ必做题

（课本第 15 页习题 11.2 第 1 题、第 2 题、第 9 题，此处略去）

Ⅱ选做题

如图，$AC = BD$，$AB = DC$。

求证：$\angle B = \angle C$

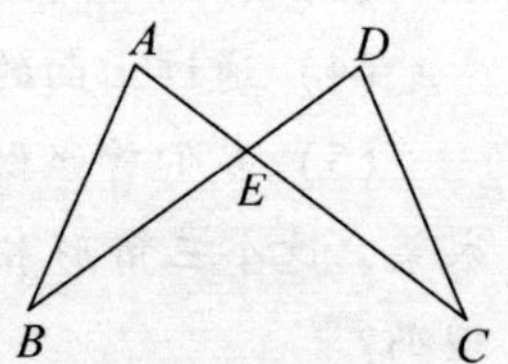

【教与学反思】

（略）

第四章“五过程学案式主体探索教学模式”在课堂教学中的应用

一、“五过程学案式主体探索教学模式”语文学案选

八年级语文（下）学案

课题：马说　主备人：田富强　审定人：乔贵敏

授课时间：2009 年 4 月 17 日

【教学目标】

1. 认识伯乐与人才的关系，理解作者怀才不遇的感情。

2. 了解托物寓意的写法。

3. 翻译并背诵课文。

【教学重点】

1. 认识伯乐与人才的关系。

2. 翻译并背诵课文。

【课前热身】

1. 说，是古代的一种文体，用以陈述作者对社会上某些问题的观点，写法灵活，讲究文采，言辞华丽，跟杂文相近。如《爱莲说》、《捕蛇者说》、《师说》等。

这篇《马说》大约作于贞元十一年至十六年间。这时，韩愈初登仕途，很不得志。他曾三次上书宰相求录用，很可惜有“忧天下之心”的他，终未被任用。后来又相继依附于一些节度使幕

下，郁郁不得志，再加上当时奸佞当权，政治黑暗，有才能之士不受重视，所以他有“伯乐不常有”之叹。

2. 本文的作者______唐朝______、_______家。字____，河南河阳人。自谓郡望昌黎，世称_______。早孤，由其嫂抚养。刻苦自学。贞元进士。仕途不顺，曾多次被贬。卒后谥文，世称“________”。与柳宗元同为古文运动的倡导者，________之一。

3. A 注音：骈（　　）　食（　　　）马者　邪（　　）一石（　　）　不以千里称也（　　）

B 填字：zhǐ ____辱于奴隶人之手　cáolì ______之间　尽 sù ____一石　才美不外 xiàn ____

4. 词汇积累：

（1）实词、虚词。试着翻译全文并结合语境及注释，借助工具书掌握下列加点字词的含义。

1. 策之不以其道　　执策而临之

2. 其真无马耶　　其真不知马也

3. 食马者不知其能千里而食也　　食不饱

4. 祇辱于奴隶人之手，骈死于槽枥之间

5. 执策而临之

（2）通假字。

食马者不知其能千里而食也“食”同：

不能尽其材“材”同：

其真无马邪“邪”同：

才美不外见“见”同：

（3）一词多义。

①食：一食或尽粟一石

食之不能尽其材

②策：策之不以其道

执策而临之

【新课导入】

马从远古时代就是人类的朋友，战场上它陪主人出生入死，生活中它为主人拉车驾辕。同学们说几个有赞美之意的关于马的成语，并用它说一句话送给敬爱的人（马到成功、龙马精神等）。听了同学们说马后备受鼓舞，下面我们回到古代，听听韩愈说马，看他又要借此表达怎样的感情呢？

【导学过程】

检查预习

自主探究，合作交流

（1）文章开头，作者认为“伯乐”与“千里马”的关系是怎样的？

（2）千里马在“食马者”手里有哪些遭遇？

（3）思考：《马说》，即谈马、论马，那么本文就单单是谈马、论马吗？请结合课前导读部分内容，说说文中的千里马、伯乐、食马者分别指什么？

（4）本文采用什么写法？

（5）读了本文请你谈谈作者的思想感情？

质疑问难，教师点拨

（1）解决合作后没有完善的问题。

（2）解答学生质疑。

拓展练习

文章既表达了韩愈壮志难酬的愤慨，更激起古今许多有识之士的共鸣，故广为流传，经久不衰。但有人认为“世有伯乐，然后有千里马”，过分夸大了“伯乐”的作用，不符合客观规律。对此你怎么看？你认为今天的“千里马”应具备怎样的素质？

教师小结（板书）

马说

——韩愈

千里马——（　　　）
伯　乐——（　　　）
食马者——（　　　）
作者要借千里马的不幸遭遇，表达________________________

课后巩固训练

阅读《战国策·楚策四》中记载伯乐和千里马的故事。

夫骥之齿止（年老）矣，服（拉）盐车而上太行，蹄申（伸）膝折，尾湛（沉）胕（脚背）溃，漉（马口鼻中流出的白沫）头洒地，白汗交流，中阪（山坡）迁延（步履艰难）负辕不能上。伯乐遭（遇）之，下车辕而哭之，解苎（苎麻织成的布）衣以幂（覆盖）之。骥于是俯而喷，仰而鸣，声达与天，若金石者，何也？彼见伯乐之知己也。

（1）请翻译一遍。

（2）说说“伯乐攀而哭之”的原因是什么？（用《马说》中的原话回答）

【教与学反思】

（略）

七年级语文（上）学案（24）

课题：天上的街市　　　　课型：讲读课

主备人：张兰云　审核人：屈美玲　时间：2009年11月12日

【教学目标】

1. 积累文中的生字词。

2. 学习准确、流畅、有感情地朗读诗歌，并能背诵下来。

3. 学习联想和想象，感知诗歌描绘的想象世界，能发挥想象和联想学写几句诗。

4. 理解和体会作者的思想感情，培养浪漫主义情怀，向往真、善、美的思想感情。

【教学重点】

积累文中的生字词；学习准确、流畅、有感情地朗读诗歌，并能背诵下来；学习联想和想象，感知诗歌描绘的世界。

【教学难点】

学习联想和想象，感知诗歌描绘的世界；深刻理解和体会作者的思想感情。能发挥想象和联想学写几句诗。

【课时安排】一课时

【预习导学】

1. 了解作者和写作背景：

郭沫若（1892～1978），原名郭开贞，号尚武，笔名沫若等，四川乐山人。诗人、剧作家、历史学家、考古学家、古文字学家、社会活动家。作品有诗集《女神》、《星空》，历史剧《屈原》、《蔡文姬》等。

郭沫若早期的诗作，常常借助神话传说，加以再创造，从而表达自己的情感和理想。作品中大胆的想象、奇特的构思，正体现了诗人浪漫主义的创作特色。

2. 查阅工具书，解释下列词语，并且给加横线的词注音。

缥缈(　　)(　　)：____________　陈列(　　)(　　)：

定然：__________________________　珍奇(　　)(　　)：

不甚(　　)：________牛郎(　　)　闲游(　　)(　　)：

笼罩(　　)(　　)：______________　疏星(　　)(　　)：

3. 反复朗读课文，用简洁的语言写下读后的感悟。

____

____

4. 名句积累：

远远的街灯明了，好像闪着无数的明星。

天上的明星现了，好像点着无数的街灯。

——郭沫若《天上的街市》

【教学过程】

情境导入

夜空，是那样神秘，又是那样亲切。同学们，假设现在已是夜幕降临，让我们仰望星空，你能联想到什么？

自主学习

1. 以喜欢的方式反复读课文，整体感知诗歌的内涵。

（1）试着读出抑扬顿挫、轻重缓急的味道来；

（2）读出诗中故事的味道来；

（3）将诗中的感情读出来；

（4）读出诗中的画面来。

2. 用自己的话描述天上的街市留给你的是怎样的一个想象世界？

合作交流

1. 细读诗歌，调动你的感觉器官，发挥你的联想和想象，将诗中想象世界的光彩、颜色、声音、状态等描述出来，用下列句式完成："天上的街市真______________，你瞧瞧（看看、听听、闻闻、嗅嗅、摸摸、尝尝）那____。

2. 交流并完善自学内容。

3. 将小组不能解决的问题提出来并记录在学案上。

____

____

师生互动、质疑问难

1. 解决合作后没有完善的问题。

2. 解答学生质疑。

精讲点拨

仔细审读诗歌，你会发现诗中描绘的景象和神话传说中的有什么不同，想想从中寄托着作者什么样的理想追求？

____

____

____

巩固训练

1. 带着你对课文的深刻理解，以恰当的停顿、节奏、轻重、语速、情感基调等的处理，有感情地朗读诗歌。

2. 熟练背诵诗歌，展开背诵比赛。

拓展延伸

1. 学了这首诗歌后，你是否也想学写几句诗呢？仿照课文，发挥你的想象和联想，续写下面的句子。

（1）远远的街灯明了，好像______________________。

（2）天上的明星现了，好像______________________。

2. 阅读欣赏《静夜》，标出重音（·）节奏（/），并试着背诵。

静夜

郭沫若

月光淡淡，天河何处？

笼罩着村外的松林。远远的海雾模糊。

白云团团，怕会有鲛人在岸，

露出了几点疏星。对月流珠？

课堂总结（板书）

天上的街市（真）郭沫若

- 美丽：街灯点点
- 热闹：自由来往 热受自由
- 繁华：处处珍奇
- 自由：骑牛来往
- 和美：提灯逛街 向往美好
- 幸福：自由闲游

【教学反思】

（略）

八年级语文（上）学案（54）

年级：初二　　课题：记承天寺夜游　　课型：讲读课

主备人：史桂兰　审核人：全体成员　时间：2009 年 11 月 17 日

【教学目标】

1. 诵读并背诵全文，在读的过程中把握文意，逐步提高学生的自学能力。

2. 掌握一些文言实词的意思，培养独立学习文言文的能力；

3. 理解文章的意境和作者的思想感情。

4. 提高学生初步鉴赏文学作品的能力。

【教学重点】

1. 朗读，背诵课文。

2. 景物描写，抒情语句的深刻内涵。

【教学难点】

体会作者微妙而复杂的感情。

【教学课时】一课时

【预习导学】

1. 给下面加点的字注音

遂(　　)　寝(　　)　相与(　　)　藻(　　)　荇(　　)

2. 关于作者，写出你所了解的内容。

3. 阅读课文填空

①夜游的时间、地点______

②夜游的原因是______

③夜游的心情是______

④写景的一句是______

⑤抒发感情的句子是______

4. 体会作者的思想感情______

【教学过程】

导入

月是团聚，月是纯洁。望月——总是勾人情思，摄人魂魄。那夜，皓月当空，让被贬闲人苏东坡难眠。就让我们一起与苏东坡作者夜游承天寺吧。

自主学习

1. 根据课下注释，解释下面加线的字。

元丰六年十月十二日夜，<u>解</u>（　　）衣欲睡，月色入<u>户</u>（　　），<u>欣然</u>（　　）起行。<u>念</u>（　　）无与为乐者，<u>遂</u>（　　）<u>至</u>（　　）承天寺寻张怀民。怀民亦未寝，<u>相与</u>（　　）步<u>于</u>（　　）中庭。庭下如积水<u>空明</u>（　　），水中藻荇交横，<u>盖</u>（　　）竹柏影也。何夜无月？何处无竹柏？<u>但</u>（　　）少闲人<u>如</u>（　　）吾两人者耳。

2. 梳理行文思路，划分文章层次。

______

______

3. 贯穿全文的线索：______

4. 质疑问难：提出自主学习中遇到的问题。

合作探究

1. 探究自主学习中不能自主解决的问题。

2. 交流在自主学习中发现的问题。

3. 难点探究。

①概括作者所描写的景物的特点，并简要分析其写景的妙处。

②你怎样理解“闲人”的含义？

师生互动、精讲点拨

1. 明确自主学习的内容。

2. 解决合作交流中的难点。

3. 精讲学习中的难点。

①概括作者所描写的景物的特点，并简要分析其写景的妙处。

____

____

②你怎样理解“闲人”的含义？

____

____

巩固训练

1. 请大家用“我认为苏轼是一个________的人”造句。

2. 小结学习本文后你的收获。

拓展延伸

写出至少两句关于写月的诗句。

____

____

课后作业

1. 重点词的解释

解：______遂：______寝：______步：______月色入户：______

念：______相与：______闲人：______但：______耳：______

2. 翻译

（1）解衣欲睡，月色入户，欣然起行。

译：______________________________

（2）庭下如积水空明，水中藻，荇交横，盖竹柏影也。

译：________________

（3）何夜无月？何处无竹柏？但少闲人如吾两人者耳。

译：________________

3. 课外古文阅读。

生十年，父洵游学四方，母程氏亲授以书，闻古今成败，辄能语其要。程氏读东汉《范滂传》[注]，慨然太息，轼请曰："轼若为滂，母许之否乎？"程氏曰："汝能为滂，吾顾不能为滂母邪？"比冠，博通经史。嘉祐二年，试礼部。以《春秋对义》居第一。后以书见修（欧阳修），修语梅圣俞（梅尧臣）曰："吾当避此人出一头地。"

【注释】范滂，东汉人，他抑制豪强，并与太学生结交，反对宦官。公元166年被捕，次年释放还乡。后来此案再次挑起，他自往投案，死于狱中。

1. 解释下列加点的词。

①辄能语其要　辄：________　语：________

②后以书见修　书：________________

③修语梅圣俞曰　语：________________

2. 翻译下列句子。

汝能为滂，吾顾不能为滂母邪？

译：________________

3. 欧阳修称赞苏轼的话后来演变为一个成语：________

二、“五过程学案式主体探索教学模式”数学学案选

七年级数学（上）学案（7）

年级：初二　课题：6.1.1 有序数对　课型：新授

主备人：段烨　　审核人：南方　　时间：2010 年 2 月 4 日

【学习目标】

1. 理解有序数对的意义.

2. 能用有序数对表示实际生活中物体的位置.

3. 经历用有序数对表示位置的过程，体验数、符号是描述现实世界的重要手段.

【学习重点与难点】

重点：用有序数对表示位置.

难点：对有序数对中的有序进行理解.

【学习过程】

情境导入

我们都知道电影票上“几排几号”用来表示影剧院某一个座位；还有当发现一本书上某页有一处印刷错误时，你可以怎样告诉其他同学这一处的位置?

自主探究

例题 1：请以下座位的同学今天放学后参加数学问题讨论.

(1，5)(2，4)(4，2)

(5，6)(3，3)(6，2)

括号内的第一个数表示列数，第二个数表示排数，请你根据上述通知，用“∨”在图上标出参加讨论的同学的位置.

问题：

（1）确定一个具体的位置只给一个数据可以吗？

（如“第3列”）

（2）（2，4）和（4，2）在同一位置吗？它们的区别在哪儿？

结论：确定一个具体的位置需要________个数，并且有________性.

合作交流

1. 小组内交流学习结果.

2. 小组汇报.

精讲点拨

有序数对

• 有顺序的两个数 a 与 b 组成的数对，表示为 (a, b).

• 注意：有序数对———有顺序性.

利用有序数对准确表示一个位置.

课堂训练

如下图，甲处表示2街与5巷的十字路口，乙处表示5街与2巷的十字路口，如果用（2，5）表示甲处的位置，那么“（2，5）→（3，5）→（4，5）→（5，5）→（5，4）→（5，3）→（5，2）”表示从甲处到乙处的一种路线，请你用有序数对写出几种从甲处到乙处的路线.

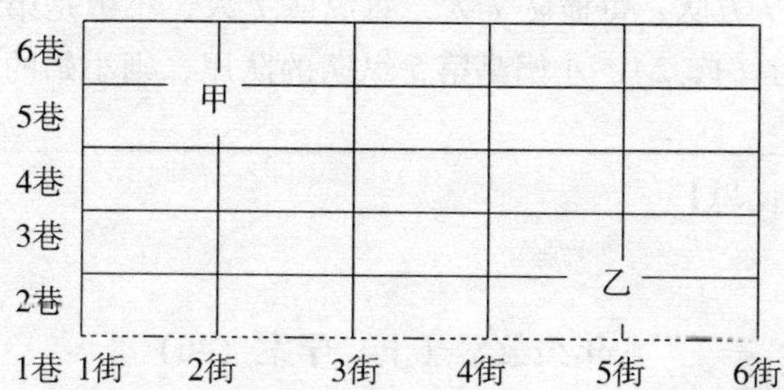

课后训练

必做题

1. 如下图，写出表示下列各点的有序数对：

A(___,___)；B(5 ，2)；C(___,___)；D(___,___)；

E(___,___)；F(___,___)；G(___,___)；H(___,___)；

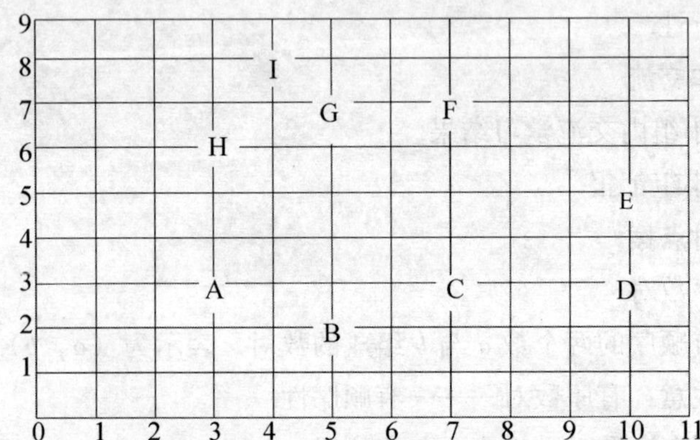

2. 在我国的通信地址中，记录一幢大楼的某一房间可以采用“×—××”的记法，例如：“2—01”表示2层1号房间。根据这一记法，12层18号房间可以记作（　　）.

A. 12—18　　B. 121—8　　C. 18—12　　D. 1—218

选做题

3. 体育课上七年级（5）班49名同学在操场上练习列队，他们站成7×7方队，每横队7人，每纵队7人，小敏是第2纵队的排头，记为（1，2)，小娟是第5纵队的队尾，则小娟的位置应记为____________________.

【课后反思】

(略)

八年级数学（上）学案（46）

年级：初二　课题：15.1.1同底数幂的乘法　课型：新授课

主备人：苏文香　审核人：初二备课组　时间：2009 年 11 月 20 日

【学习目标】

（1）通过探索，理解同底数幂的乘法的法则及公式；

（2）能够运用公式进行计算；

（3）通过自学培养学生对知识的探索精神.

【学习重点】

同底数幂地乘法法则及公式的推导.

【学习难点】

能够灵活地运用公式进行计算.

【学习方法】

自主学习，教师引导讨论，题组训练.

【学习过程】

情景导入（2 分钟）

光在真空中的速度大约是3×10^5 千米/秒，太阳系以外距离地球最近的恒星是比邻星，它发出的光到达地球大约需要 4.22 年，一年以3×10^7 秒计算，比邻星与地球的距离约为多少千米？

学前准备（3 分钟）

1. 回忆10^5，10^7 这样的数，说出它们的意义。那么a^4，a^n 呢？

2. 指出a^n 的各部分的名称.

3. 你如何理解今天的课题“同底数幂的乘法”，举例说明.

自主探究（8 分钟）

1. 3^2 的意义是______________，3^3 的意义是______________，那么$3^2\times3^3=$__________$=$__________

即_______$\times$_______$=$_______

2. 问题：

一种电子计算机每秒可进行10^{14}次运算，它工作10^3 秒可进行多少次运算？

解：根据工作总量 = 工作效率 × 工作时间可得：

根据乘方的意义计算：运算次数 =

答：

3. 探究：根据乘方的意义填空.

（1）$2^5 \times 2^2 = 2^{(\ \ )}$

（2）$a^3 \times a^2 = a^{(\ \ )}$

（3）$5^m \times 5^n = 5^{(\ \ )}$

4. 仔细观察计算结果，你发现有什么规律？

____.

合作交流（5 分钟）

1. 小组内交流自学结果。

2. 小组汇报结果。

师生互动（5 分钟）

1. 归纳：同底数幂的乘法公式：

$a^m \cdot a^n =$ __________（m，n 都是__________）

即同底数幂相乘，__________，__________。

2. 师生质疑、释疑。

精讲点拨（5 分钟）

例 1　计算

（1）$x^2. x^5$　　（2）$a. a^6$

（3）$2 \times 2^4 \times 2^3$　　（4）$x^m. x^{3m+1}$

巩固训练（8 分钟）

计算

（1）$b^5. b$　　（2）$10 \times 10^2 \times 10^3$

（3）$-a^2. a^6$　　（4）$y^{2n}. y^{n+1}$

（5）27×3^n　　（6）$(a-b)^2. (a-b)^3$

本课小结（2 分钟）

今天你收获了什么？

课后作业

必做题

1. 判断正误

（1）$a \cdot a^3 = a^3$ （ ） （2）$a + a^2 = a^3$ （ ）

（3）$a^4 \cdot a^4 = a^{16}$（ ） （4）$a^2 \cdot a^3 = a^5$ （ ）

（5）$a^6 \cdot a^3 = a^{18}$ （ ）

2. 计算

（1）$-a \cdot (-a)^3$ （2）$(m-n)^2 \cdot (m-n)^3$

（3）$(-3)^3 \cdot (-3)^4$ （4）$-x \cdot x^2 . (-x)^4$

（5）$2^5 \times 16$ （6）$10^3 \times 10 + 100 \times 10^2$

3. 已知$a^m = 2$，$a^n = 5$，求a^{m+n}的值

选做题

1. 化简$(-2a) \cdot a - (-2a)^2$

2. 求下列各式中的 x.

（1）$a^7 \cdot a^x = a^{10}$ （2）$m^x \cdot m^x = m^{10}$

【评价】

正确程度（优良中差）.

整洁程度（甲乙丙丁）.

【教与学反思】

（略）

九年级数学（下）学案（10）

年级：初三 课题：§1.1 实数的有关概念 课型：复习课

主备人：赵宏波 审核人：全体成员 时间：2010 年 3 月 16 日

【教学目标】

知识与技能：回顾实数的有关概念，加深对概念的理解，并会合理运用。

过程与方法：通过讲解、探究，进一步完善知识体系。

情感态度与价值观：通过认真学习，掌握知识，树立信心。

【教学重点】

对实数有关概念的理解。

【教学难点】

灵活运用概念，解决实际问题。

【教学过程】

自主探究，合作交流（10 分钟）

1. 实数的分类：

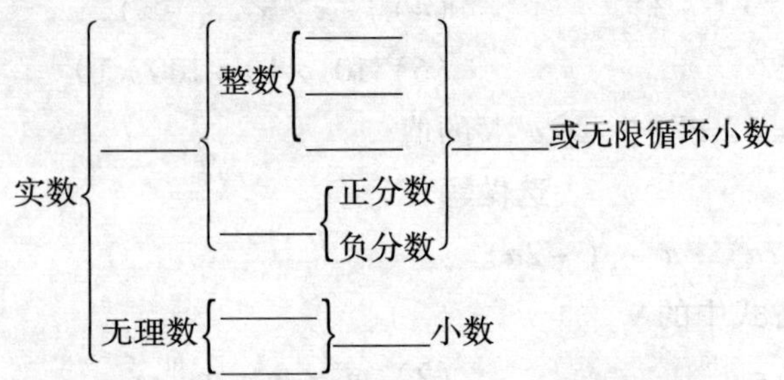

2. 实数的意义及性质：

（1）数轴的三要素为______、______和______. 数轴上的点与______构成一一对应.

（2）实数 a 的相反数为______. 若 a，b 互为相反数，则 $a+b=$______.

（3）非零实数 a 的倒数为______. 若 a，b 互为倒数，则 $ab=$______.

（4）绝对值 $|a|=\begin{cases} \quad(a>0); \\ \quad(a=0); \\ \quad(a<0); \end{cases}$

（5）科学记数法：把一个数表示成______的形式，其中 $1\leqslant|a|<10$ 的数，n 是整数.

（6）一般地，一个近似数，四舍五入到哪一位，就说这个近

似数精确到哪一位. 这时，从左边第一个不是______的数起，到______止，所有的数字都叫做这个数的有效数字.

3. 数的开方：

（1）任何正数 a 都有______个平方根，它们互为______，其中正的平方根$\sqrt{a}$叫____________，____________没有平方根，0 的算术平方根为______.

（2）任何一个实数 a 都有立方根，记为________.

（3）$\sqrt{a^2}=|a|=\begin{cases}\quad(a\geqslant 0)；\\ \quad(a<0)；\end{cases}$

师生互动，精讲点拨（10 分钟）

例 1：已知实数$\frac{1}{2}$，$\left(\frac{\sqrt{3}}{2}\right)^0$，0，$\sqrt{5}$，$\frac{\pi}{3}$，$\cos 30°$，0.010010001⋯，其中无理数有（　　）个.

A. 2 个　　B. 3 个　　C. 4 个　　D. 5 个

例 2：（1）（06 成都）$-|-2|$的倒数是（　　）

A. 2　　B. $\frac{1}{2}$　　C. $-\frac{1}{2}$　　D. -2

（2）（08 芜湖）若$|m-3|+(n+2)^2=0$,则 $m+2n$ 的值为(　　).

A. -4　　B. -1　　C. 0　　D. 4

（3）（07 扬州）如下图，数轴上点 P 表示的数可能是（　　）.

P
$-3\quad -2\quad -1\quad O\quad 1\quad 2\quad 3$

A. $\sqrt{7}$　　B. $-\sqrt{7}$　　C. -3.2　　D. $-\sqrt{10}$

例 3：下列说法正确的是（　　）.

A. 近似数 3.9×10^3 精确到十分位.

B. 按科学计数法表示的数 8.04×10^5 其原数是 80400.

C. 把数 50430 保留 2 个有效数字得 5.0×10^4.

D. 用四舍五入得到的近似数 8.1780 精确到 0.001.

例4：计算 $\sqrt[3]{-64}-\sqrt{81}+\sqrt[3]{-1}-\sqrt[3]{-2+\frac{3}{64}}=$________.

例5：最小的非负数是________，最大的非正数是________；最大的负整数是________，最小的正整数是________，绝对值最小的数是________，绝对值等于它本身的数是________，平方根是它本身的数是________，立方根是它本身的数是________，倒数是它本身的数是________.

例6：已知 a 与 b 互为相反数，c 与 d 互为倒数，m 的绝对值是1，求 $\frac{a+b}{m}-cd+m^2$ 的值.

知识梳理（3分钟）

易错知识辨析：

（1）近似数、有效数字，如0.030是2个有效数字（3，0）精确到千分位；3.14×10^5 是3个有效数字精确到千位；3.14万是3个有效数字（3，1，4）精确到百位.

（2）绝对值 $|x|=2$ 的解为 $x=\pm2$；而 $|-2|=2$，但有少部分同学写成 $|-2|=\pm2$.

（3）在已知中，以非负数 a^2、$|a|$、$\sqrt{a}$（$a\geqslant0$）之和为零作为条件，解决有关问题.

巩固训练（17分钟）

1.（08常州）-3 的相反数是________，$-\frac{1}{2}$ 的绝对值是________，$2^{-1}=$________，$(-1)^{2008}=$________.

2. 某种零件，标明要求是 $\varphi20\pm0.02mm$（φ 表示直径，单位：毫米），经检查，一个零件的直径是 $19.9mm$，该零件__________.（填“合格”或“不合格”）

3. 下列各数中：-3，$\sqrt{\frac{1}{4}}$，0，$\frac{\sqrt{3}}{2}$，$\sqrt[3]{64}$，0.31，$\frac{22}{7}$，2π，

2.161161161…，$(-2005)^0$是无理数的是____________.

4.（08湘潭）全世界人民踊跃为四川汶川灾区人民捐款，到2008年6月3日止各地共捐款约423.64亿元，用科学记数法表示捐款数约为__________元.（保留两个有效数字）

5.（06北京）若$\sqrt{m-3}+(n+1)^2=0$，则$m+n$的值为______.

6. 2.40万精确到______位，有效数字有______个.

7.（06泸州）$-\frac{1}{5}$的倒数是（　　）.

A. $-\frac{1}{5}$　　B. $\frac{1}{5}$　　C. -5　　D. 5

8. 点A在数轴上表示$+2$，从A点沿数轴向左平移3个单位到点B，则点B所表示的实数是（　　）.

A. 3　　B. -1　　C. 5　　D. -1或3

9.（08扬州）如果□$+2=0$，那么“□”内应填的实数是（　　）.

A. $\frac{1}{2}$　　B. $-\frac{1}{2}$　　C. $\pm\frac{1}{2}$　　D. -2

10.（08梅州）下列各组数中，互为相反数的是（　　）.

A. 2和$\frac{1}{2}$　　B. -2和$-\frac{1}{2}$　　C. -2和$|-2|$　　D. $\sqrt{2}$和$\frac{1}{\sqrt{2}}$

11.（08无锡）16的算术平方根是（　　）.

A. 4　　B. -4　　C. ±4　　D. 16

12.（08郴州）实数a、b在数轴上的位置如下图所示，则a与b的大小关系是（　　）.

a　　o　　b

A. $a>b$　　B. $a=b$　　C. $a<b$　　D. 不能判断

13. 若x的相反数是3，$|y|=5$，则$x+y$的值为（　　）

A. -8　　B. 2　　C. 8或-2　　D. -8或2

14. （08 湘潭）如图，数轴上 A、B 两点所表示的两数的（　）.

A. 和为正数　B. 和为负数　C. 积为正数　D. 积为负数

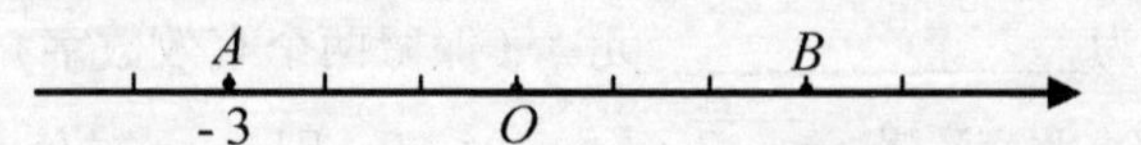

作业

作业成绩：________整洁程度：________完成日期：________

必做题

1. 若实数 a、b 互为相反数，则下列等式中恒成立的是：（　　）.

A. $a-b=0$　　B. $a+b=0$　　C. $ab=1$　　D. $ab=-1$

2. 9 的平方根是：（　　）.

A. 3　　B. -3　　C. ± 3　　D. 81

3. 如果 a 的倒数是 -1，那么 a^{2009} 等于：（　　）.

A. 1　　B. -1　　C. 2009　　D. -2009

4. 在 0、-2、1、$\frac{1}{2}$中，最小的数是：（　　）.

A. 0　　B. -2　　C. 1　　D. $\frac{1}{2}$

5. 如果 $|-a|=-a$，下列成立的是：（　　）.

A. $a<0$　　B. $a\leqslant 0$　　C. $a>0$　　D. $a\geqslant 0$

6. $-x$ 一定是：（　　）

A. 正数　B. 负数　C. 正数或负数　D. 正数或负数或 0

7. 若 $|m-n|=-(m-n)$，则 m、n 的大小关系为：（　　）.

A. $m>n$　　B. $m<n$　　C. $m\geqslant n$　　D. $m\leqslant n$

8. 下列说法错误的是：（　　）.

A. 无理数是开方开不尽的数

B. 无理数包括正无理数、负无理数和 0

C. 无理数是无限不循环小数

D. 无理数都可以用数轴上的点来表示

9. 若 $-\sqrt[3]{a}=\sqrt[3]{\frac{7}{8}}$，则 a 的值是：(　　).

A. $\frac{7}{8}$　　B. $-\frac{7}{8}$　　C. $\pm\frac{7}{8}$　　D. $-\frac{343}{512}$

10. 若 $a^2=25$，$|b|=3$，则 $a+b$ 的值是：(　　)

A. -8　　B. ±8　　C. ±2　　D. ±8 或 ±2

选做题

1. 已知 a、b 为两个连续整数，且 $a<\sqrt{7}<b$，则 $a+b$ =________.

2. $\sqrt{x}+\sqrt{-x}$有意义，则 $\sqrt{x+1}$ =________.

三、“五过程学案式主体探索教学模式”英语学案选

八年级英语（下）学案　MODULE 1　Hobbies

课型：语法课　课题：Unit1　Do you collect anything?

课时：第一课时　主备：霍海静　审核：全体成员

日期：2010 年 2 月 25 日

【学习目标】

1. 掌握本单元的生词、短语并能用英语描述自己及他人的爱好。

2. 掌握简单句的基本句型。

3. 学会尊重他人的喜好，不以自己的喜好来要求他人，学会与他人融洽相处。

【学习重难点】

1. 理解并掌握英语中的六个基本句型。

2. 学会表达自己的爱好，询问他人的爱好，并用适当的形容词评价爱好。

【学习过程】

活动一：自主探究

同学们，我们会说、会写很多英语句子，可是还不知道它们属于英语句子中的哪一类，今天就让我们彻底了解英语的基本句型吧！

1. 认真读146~147页的语法内容。

通过预习你知道英语中有______个基本句型。

2. 英语中的基本句型分别是：

A. 主+系+表　B. 主+谓　C. 主+谓+宾　D. 主+谓+间接宾语+直接宾语　E. 主+谓+宾+宾补　F. therebe+主。

现在把下面的句子归类。(在括号里写出字母序号即可)

(1) Was there a teacher and three students in the classroom yesterday? (　　)

(2) My mother doesnt often make me dumplings. (　　)

(3) Are they very happy today? (　　)

(4) Mr Li didnt give me a present on my birthday yesterday. (　　)

(5) Tom likes chess very much. (　　)

(6) He works in Beijing. (　　)

(7) The plan sounds good. (　　)

(8) He writes books. (　　)

(9) My mother makes us happy. (　　)

(10) My sister runs every day. (　　)

3. 完成第六页第二题（写出每个句子的类型）。

活动二：合作交流

小组成员就各自的爱好以对话的形式互相问答并完成表格，然

后给大家做个汇报，以文章的形式把它叙述出来。

Name	Hobby	Reason
	Collecting books	Useful and helpful

____

____

____

____

活动三：师生互动

1. Listening. Do Activity1.

2. 读第2~3页的对话，把下列爱好和人匹配。

Lingling's hobby　　Music

Daming's hobby　　Collecting fans

Sally's hobby　　Going to Radio Beijing

Sally's plan　　Collecting tickets

3. 再读一遍对话判断下面句子正（T），误（F）。

(　　)（1）Sally is at Lingling's home.

(　　)（2）Lingling's father made her interested in music.

(　　)（3）Sally will play music at Radio Beijing at the end of this term.

(　　)（4）Daming has a collection of tickets

4. 完成课本上第三页的活动5.

活动四：巩固训练（单选）

1. She has a collection ______ books.

A. with　　B. of　　C. on　　D. by

2. My aunt played the light music to make the baby ______ crying.

A. stopped　　B. stops　　C. tostop　　D. stop

3. His hobby is ______ vegetables.

A. grow　　B. grows　　C. growing　　D. growon

4. The story is ______. I ______ it.

A. interested; am interested in

B. interesting; am interested in

C. interested; am interesting in

D. interesting; am interesting in

5. Doing homework ______ most of time on Saturday.

A. take away　　B. spends　　C. takes up　　D. take up

活动五：作业

（A 类）根据句意及首字母提示写出单词。

1. Tony, your room is a little untidy. Could you please t ______ it up.

2. I need a new s ______ to send the letter.

3. There are at l ______ 200 animals in the zoo.

4. Do you c ______ anything?

5. I want to be a reporter to i ______ Liu Yifei in the future.

（B 类）补全对话，每空一词。

A: ______ your hobby?

B: My hobby is ______ things, ______ dolls, fans, keys and model cars.

A: Why do you ______ your hobby?

B: It's fun to play ______ them.

A: When did you ______ doing it?

B: When I ______ eight years old. Do you collect ______?

A：No，I don t.

【教与学反思】

（略）

八年级英语（下）学案 MODULE 1 Hobbies

课型：听说课 课题：Unit1 Do you collect anything?

课时：第二课时 主备人：霍海静 审核人：初二英语组

备课时间：2009 年 2 月 25 日 上课时间：

活动一：自主探究

读第 2 ~ 3 页的对话，试着翻译下列短语。

坐下______收拾______听他拉小提琴______

接受采访______下周五______

all the time ______ bring…to… ______ fifty or sixty fans ______

next time ______ have a collection of dolls = collect dolls ______

make me interested in music ______

at the end of… ______

活动二：师生互动（导课并为下一步写作做铺垫）

1. What's your hobby?
2. Why do you enjoy your hobby?
3. When did you start doing it?
4. How often do you …？
5. Where do you…？

活动三：精讲点拨（语言点导学）

1. Which hobby do you think takes up the least space? 你认为哪种爱好占据最小的空间？

take up（1）表示“占据时间或空间”。如：

The piano ______ ______ too much room. 钢琴占据了太多的空间。

（2）表示“拿起”。如：She ______ ______ her bag and left. 她拿起她的包走了。

（3）take 还有花费、乘坐等意。

It ______ me 3 days ______ ______ the coat. 做这件外套花了我三天时间。

My mother often ______ a bus to work. 我妈妈总是坐公汽去上班。

2. I' ll tidy up the table and chairs. 我要收拾桌子和椅子。

tidy up 表示“整理，收拾”。如：

When are you going to ______ your room ______? 你打算什么时候整理自己的房间？

He often __________ after dinner. 他经常饭后收拾餐具。

3. （1） a bit = a little = kind of + adj. /adv. /v. “有点儿，一点儿”。

After long walking，I felt ______ ______ tired. 长途跋涉后我有点累了。

（2） a bit of = a little + 不可数名词“有点儿，一点儿”（a little + 可数名词单数表示一个小的…） This is a little dog. （翻译句子） _____

There is ________ ________ milk in the glass. 玻璃杯里有点儿牛奶。

活动四：巩固训练

跟录音读对话，然后自读。

对话填空背诵然后把它写下来，老师相信你是最棒的。

L：Hi Sally. Come in and sit down. Sorry it's __________ untidy. I'll __________ the table and chairs.

S：Hey！Look at all those fans！They are beautiful！You've got a wonderful collection.

L：Yes，I've got fifty or sixty fans. Do you collect anything?

S：Yes，I ______________________ dolls. And my brother collects stamps.

D：And I collect tickets ________ you know，bus tickets and train tickets！

S：Do you really？But my real hobby is music，I play the violin and I listened to music ______________.

L：What ______ you so interested in music？

S：My father is a musician. I often ___________ him ______ the violin. And he gave me my first violin eight years ago.

L：And now music has ______ you ______ China. When will you play next time？

S：______ ______ ______ ______ this term. There's a concert at Radio Beijing.

D：So can you relax now？

S：Well，no. I'm going to school ______ you！

L：Great！

S：But not next Friday…

D：What's happening on Friday？

S：I'm going to Radio Beijing. I'm ______________________ on Star search！

D：I've listened to that programme！People sing songs or ______ ______，and the listeners choose the best singer or musician.

L：Wow！You're going to be really famous！

活动五：作业

（A 类）

用所给词的适当形式填空。

1. I have a big ________ （collect） of stamps. I think my father is a great ________ （collect）.

2. This famous star has a lot of ________ (fan).

3. Can you finish the work in the ________ (little) time?

4. You're going to be ________ (real) famous.

5. Your room is so ______ (tidy). The clothes are here and there.

6. Whose hobby is ________ (expensive) one of the three?

7. Lucy often sees our maths teacher ________ (go) home on foot.

8. Jim spent some of his free time ________ (read) books in English.

根据汉语完成句子。

1. 这些书已经占用很多地方。 The books ______ ______ ______ much room.

2. 我们应该每天整理书桌。We should ____________ the tables and chairs every day.

3. 什么使得他那么伤心？What ________________________?

4. 他妈妈经常听他弹钢琴。His mother often ____________ him ________________.

5. 在假期结束时，我们都感到有一点点累了。____________ ____________ the holiday, we all felt ____________ tired.

（B 类）写作

学完本单元的对话，你是不是也急着想和你的朋友就爱好这个话题用英语聊一聊啊？请参考活动二师生互动，编一段对话。老师相信你还会有更多更好的问题要问。

____

____

____

____

【教与学反思】

（略）

七年级英语（上）学案（58）

语言技能目标课题：MODULE 4 My family

Unit1 How many people are there in your family?

主备人：张秀清 审核人：鲁智慧 何占丽

时间：2009 年 12 月 12 日

【学习目标】

1. 词汇 grandfather grandmother grandparent grandpa grandma uncle aunt also

2. 交际用语

A：Have you got any…?

B：Yes, I have. I have got …. / No, I havent. I havent got any….

A：Has he/she got…?

B：Yes, he/she has. He/She has got …. /

No, he/she hasnt. he/she hasnt got any….

3. have got 的肯定、否定与疑问句。

4. 能用 have got 做自我介绍家庭成员或询问对方家庭成员

【教学重难点】

have got 的用法。

【课型】

听说。

【课时】一课时

【学习过程】

自主学习

根据句意填写所缺单词。

1. My father and mother are my ______.

2. My grandfather and grandmother are my ______.

3. My parents´parents are my ______.

4. My father's father is my ________.

5. My father's mother is my ________.

6. My father's brother is my ________.

7. My father's sister is my ________.

8. My mother's brother is my ________.

9. My mother's sister is my ________.

10. My mother's father is my ________.

11. My mother's mother is my ________.

精讲点拨、师生互动

1. 通过照片，导入新课 Module 4　My family.

2. 老师出示图片，根据图片内容介绍家庭成员。

3. 通过图片内容我们了解了 ×××同学一家，从而引出新的句型。(划线部分可替换)

①A：Have you got any *grandparents*?

B：Yes，I have. I have got *two grandparents*. /

No，I haven't. I haven't got any *grandparents*.

②A：Has he/she got any *sisters/brothers*?

B：Yes，he/she has. He/She has got *two sisters/brothers*.

No，he/she hasn't. He/She hasn't got any *sisters/brothers*.

合作交流

1. 同学们两人一组，能像老师和××那样进行对话吗？请试着编一组对话，可以加上你们自己的内容，然后进行展示。

你们想知道 Tony 家的具体成员吗？(Activity 3 P21)

(1) 听对话，选择正确答案：

①Has he got any brothers?

A. Yes，he has.　　　B. Yes，he does.

C. No，he hasn't.　　D. No，he doesn't.

②Has he got any grandparents?

A. Yes, he has. B. Yes, he have.

C. No, he hasn´t. D. No, he havent.

（2）听录音，跟读对话。

（3）阅读活动三，完成活动四。

（4）小组合作讨论正确答案，教师纠错。（答案全部正确的同学，画一个笑脸）

（5）阅读活动四并且模仿活动四，介绍自己的家庭成员。

巩固练习（单项选择）：

1. —______ you ______ any coats? —Yes, I have.

A. Has got B. Do get C. Have got D. have got

2. —Have your friends got Chinese books?

—Yes, ______.

A. I have B. they have C. you have D. she has

3. —______ she ______ a big family? —Yes, she has.

A. has got B. Have got C. Has got D. Has get

4. She has got ______ aunt and ______ uncle.

A. a, an B. a, a C. an, a D. an, an

5. There ______ any pears in the basket.

A. isn't B. aren't C. haven't D. have

课后作业

1. 必做题：Write a composition about your family or your friend's family.

2. 选做题：

用 have got 的正确形式填空。

（1）Mary ______ ______ a brother.

（2）We ______ ______ a sister.

（3）Tom ______ ______ a new book. （否定句）

Mary and Tom ______ ______ some books. （否定句）

She's got a pen. = She ______ a pen.

She's also got a pen. = She ______ ______ a pen, ______.

根据汉语意思补全句子。

（1）你有两把尺子吗？

______ you got two ______?

（2）你有几支铅笔？

How many pens ______ you ______?

（3）房间里有两把椅子。

There ______ two ______ in the room.

（4）你有哥哥吗？

______ you ______ any brothers?

【教与学反思】

（略）

四、"五过程学案式主体探索教学模式"政治学案选

九年级思想品德（上）学案

课题：第七课　关注经济发展　　　课型：新授课

主备人：李凤云　审核人：初三政治组　时间：2009 年 10 月 10 日

班级：______　　　　　　　　姓名______

【课程要求】

知道我国现阶段的分配制度与分配原则，理解让一切创造社会财富的源泉充分涌流，造福于人民的必要性，体会中国特色社会主义制度的优越性。

【应考方略】

1. 联系生活实例，了解我国的分配制度以及参与社会分配的

要素。

2. 联系西部大开发、建设社会主义新农村、党和政府的惠民政策，理解共同富裕。

【教学方法】

五过程学案式教学法。

[第二课时]　　第二框　走向共同富裕道路

使用时间：　　年　　月　　日

课前导入（1 分钟）

学生自学（自主探究　交流质疑）（10 分钟）

知识点一：先富带后富，共奔富裕路。

1. 我国社会主义初级阶段的分配制度与分配原则。

①分配制度——

②分配原则——

2. 在分配中应注意的问题：

3. 什么是共同富裕？（如何理解共同富裕？）

知识点二：让创造财富的源泉涌流。

1.“四个尊重”的内容及重要意义：

2. 面对良好的创业条件，我们应该怎样做？

教师导学（师生互动　精讲点拨）（15 分钟）

【板书设计】

走向共同富裕的道路

1. 先富带后富共奔富裕路

（1）我国的分配制度。

（2）分配制度的决定性因素：我国的经济制度。

（3）共同富裕是社会主义的根本原则。

2. 让创造财富的源泉涌流

（1）尊重劳动、尊重知识、尊重人才、尊重创造。

（2）发挥自身才能，为国家经济发展作贡献。

巩固训练（5 分钟）

小路的爸爸是一家国有企业的技术骨干，每月工资 4000 余元。他的一项技术改造使企业的生产效率得到大幅度提高，经济效益有明显改善。为此，企业一次性奖励 8 万元。小路的爸爸将其中的 2 万元存入银行，将剩下的钱全部买了股票并获得一定的股息。

1. 想一想：材料中小路爸爸的各项收入分别属于何种分配方式？

2. 查一查：你家里经济收入来源主要有哪些？

课堂作业（9 分钟）

（一）基础训练：

1. 下面观点不正确的是（　　）。

A. 我国的分配制度是按劳分配为主体，多种分配方式并存

B. 在分配中，坚持“按劳分配”与“按生产要素分配”相结合

C. 在分配中，既要提倡奉献精神，又要落实分配政策

D. 要解决我国个人收入分配不公平问题，就必须从根本上改变我国的分配制度

2. 全面小康与共同富裕虽不是一回事，但存在着密切联系，表现为（　　）

①全面小康是走向共同富裕的必经阶段　②全面小康为共同富裕注入了新的内涵　③共同富裕是实现的原则，全面小康是远大目标　④全面小康与共同富裕体现了我国经济发展阶段性和长期性的

统一

A. ①②③　B. ①②④　C. ①③④　D. ②③④

3. 西部大开发、振兴东北老工业基地、下岗职工再就业、扶贫帮困、加大收入分配调节力度，国家采取这些措施的最终目的是为了（　　）

A. 加强经济建设

B. 深化改革开放

C. 实现共同富裕

D. 提高综合国力

4. “财产性收入”一般是指家庭拥有的动产（如银行存款、有价证券等)、不动产（如房屋、车辆、土地、收藏品等）所获得的收入。财产性收入中，投资银行存款、有价证券获得的收入属于（　　）。

A. 按劳分配所得的收入

B. 按资本要素分配所得的收入

C. 按技术要素分配所得的收入

D. 按风险高低分配所得的收入

5. 为了让一切创造财富的源泉充分涌流，造福于民，我们必须（　　）。

①落实科学发展观，积极构建社会主义和谐社会　②尊重劳动、尊重知识、尊重人才、尊重创造　③坚持以公有制为主体、多种所有制经济共同发展　④做到发展为了人民、发展依靠人民、发展成果由人民共享

A. ①②④　B. ②③④　C. ①②③　D. ①②③④

（二）拓展延伸：

6. 材料分析：

材料一：漫画《收入分配》（大屏幕出示）。

材料二：2009 年温家宝所作《政府工作报告》中十大民生亮

点："保障住房"让全体人民住有所居；"浓墨重彩"让广大农民增收快富；"促进就业"……"完善社保"；"教育优先"；"推进医改"……

（1）漫画说明了什么？对社会发展有什么影响？

（2）结合材料一，请分析材料二中中央实施这一举措的理由。

7. 受国际金融危机的冲击，我国企业用工需求明显下降。当前约有610万应届大学生、近100万往届大学生正在寻找工作。面对严峻的就业局面，国家采取积极的政策，鼓励创业，以创业带动就业。

（1）材料体现了教材中的哪些观点？

（2）如果你是一名大学毕业生，你会怎样做？

【学习收获与体会】

（略）

八年级思想品德（上）学案（12）

课题：第三课　生命健康权与我同在　　课型：新授课

主备人：张春和　审核人：初二备课组　时间：2010年3月12日

班级______________　　　　　　　　姓名______________

【课标要求】

知道法律保护公民的生命和健康不受侵害，了解法律对未成年

人生命和健康的特殊保护，学会运用法律保护自己和他人的生命和健康，不得侵犯和危害别人的健康、生命和权利。

【教学重点】

生命健康权是首要的人身权利，积极行使生命健康权的主要方式。

【教学难点】

怎样用法律捍卫我们的生命健康权，履行关爱他人生命健康权的义务。

【教学方法】五过程学案式教学法、案例分析法。

[第一课时]　　第一框　生命和健康的权利

使用时间：年　月　日

课前导入（1分钟）

学生自学（自主探究　交流质疑）（10分钟）

知识点一：生命健康权是首要的人身权利。

1. 人身权利的含义：

2. 人身自由权的含义：

3. 人身自由权的重要性：

4. 法律赋予我们广泛的行动自由权，______和______都不得侵害公民的人身自由，类似______、______、______等______或____公民人身自由的行为，都被法律所禁止。

5. 我国法律规定，公民享有______，不容他人侵犯。______是公民参加一切活动、享有其他一切权利的基础。______是公民最根本的人身权利。

知识点二：法律捍卫我们的生命健康权。

1. 我国法律对________的生命健康权给予特殊保护。

2. 我国保护公民生命健康权的法律有哪些？

3. 当生命健康权受到侵害时该怎么办？

教师导学（师生互动　精讲点拨）（15 分钟）

板书设计：　第一框　生命和健康的权利

1. 生命健康权是首要的人身权利	①人身权利是公民最基本、最重要的权利 ②人身自由是一项重要的人身权利 ③生命健康权是公民最根本的人身权利
2. 法律捍卫我们的生命健康权	①未成年人的生命与健康受特殊保护 ②国家法律保护公民的生命与健康

课堂巩固（5 分钟）（小组合作交流）

材料分析：据报载，山西洪洞县黑砖窑惊现未成年“包身工”。他们被迫做苦力，砖车拉不动时，监工就在后面用鞭子抽打。虐待未成年人、使用童工是我国法律明令禁止的行为。法院经审理，29 名“黑砖窑”犯罪嫌疑人分别受到应有的法律制裁。请阅读材料后，回答下列问题。

这些“黑砖窑”犯罪嫌疑人的行为侵犯了未成年“包身工”的什么权利？

假如在日常生活中，你的这一权利遭到非法侵害时，你会怎样做？

请写出涉及保护你的这一权利的相关法律名称（三部即可）。

课后作业（9 分钟）

（一）基础训练：

1. 在汶川抗震救灾中，胡锦涛主席强调，抢救人民生命是首

要任务，尽最大努力搜救被困群众，这说明（　　）。

A. 党和政府高度重视地震灾区的灾后重建工作

B. 当地震等自然灾害发生时，我们要有自我保护意识

C. 人身自由权是享受其他权利的基本保障

D. 生命健康权是公民人身权利中最根本的权利

2. “三鹿奶粉”事件发生后，河北省委省政府紧急启动重大食品安全事故二级响应预案，要求立即停产，召回受污染婴幼儿奶粉，并全力做好患病婴幼儿的救治工作。这主要是为了保护公民的（　　）。

A. 生命健康权　　B. 人格尊严权

C. 自主选择权　　D. 隐私权

3. 在公民的人身权利中，居于首要地位的是（　　）。

A. 生命健康权　　B. 姓名权

C. 名誉权　　D. 人身自由权

4. 我国是社会主义国家，未成年人作为共和国的公民，受到国家的特别关注和保护，享有广泛而真实的权利。下列法律规定中，属于保护未成年人生命健康权的是（　　）。

①对未成年人的信件，任何组织和个人不得隐匿、毁弃

②禁止安排未成年人从事矿山井下、有毒有害、劳动强度大的劳动

③禁止虐待、遗弃未成年人

④任何组织和个人不得披露未成年人的个人隐私

A. ①②　　B. ①③　　C. ②③　　D. ②③④

5. 当我们的生命健康权受到侵害时，我们可以（　　）。

A. 将侵害人狠揍一顿，使其再也不敢侵害他人

B. 用法律手段保护自己，因为我国法律保护公民的生命健康权

C. 可以私下和解，请求侵害人赔偿损失

D. 忍气吞声，惹不起躲得起

6. 一些企业为了加强管理，在工人上下班时要搜身，这是（　　）。

A. 工厂提高效率的方法

B. 法律、法规所允许的

C. 工厂内部的事，别人管不着

D. 侵犯公民的人身自由权利的违法行为

7. 下列行为属于侵犯公民人身自由权的有（　　）。

①非法搜查公民的身体　②非法拘禁或逮捕他人　③非法查封公民的住宅　④非法侵入他人的住宅

A. ①②　　B. ①②③　　C. ①②④　　D. ①②③④

（二）拓展延伸：

8. 阅读材料，回答问题：2009 年 2 月 20 日《法制日报》报道："谁不听话，你就用拳头或三角带狠打，打到出血为止！"在陕西省安康市汉滨区鑫源砖厂，陈波的工作就是"管理"，"管理"就是打人。如果陈波没有打人，就会被殴打，或受重活惩罚。这是一个典型的黑砖厂，十七八个工人夜宿一间破房，屋内只有一只马桶。工人们每天早上五、六点起床干活，除了吃三顿饭外，一直要干到晚上八、九点才收工。吃饭时，如果不抢着吃，就会饿肚子。2009 年 1 月 23 日，安康市汉滨区人民法院对"黑砖厂虐工案"公开宣判：判决主犯陈洪国构成强迫职工劳动罪，判处有期徒刑 1 年零 6 个月，并处罚金 3000 元；判决从犯陈洪军构成强迫职工劳动罪，判处有期徒刑 1 年，缓刑 2 年，并处罚金 2000 元。

（1）案例中的工人的什么权利受到了侵害？

（2）我们为什么要依法维护这项权利？

（3）法院的最后判决说明了什么？

[第二课时]　第二框　同样的权利同样的爱护

使用时间：年　月　日

课前导入（1 分钟）

学生自学（自主探究　交流质疑）（10 分钟）

知识点一：积极行使生命健康权。

1. 行使生命健康权的具体表现：（公民行使健康权有哪些方式?）

（1）

（2）

（3）

2. 放弃生命健康权的恶果：

（1）

（2）

（3）

（4）

因此，轻生或自残等行为都与________相悖，与____不合。

知识点二：关爱他人的生命和健康。

1. 我们在享有生命健康权的同时，负有不得侵害他人生命健康权的________和________。

2. 任何人不得非法剥夺________，即使________也不允许，因为这是侵害________的行为。

3. 侵害他人的生命健康权，既损害了他人的______与______，也损害了自己，行为人要依法受到相应的________。

4. 我们要________，关爱他人的________和________，远离________，做一个既________又________的人。

师生互动、精讲点拨（15 分钟）

板书设计：同样的权利同样的爱护

1. 积极行使生命健康权	①行使生命健康权的主要方式 ②损害生命健康权造成的危害
2. 关爱他人的生命和健康	③不得侵害他人的生命健康权 ④远离暴力，守法助人

课堂巩固（5 分钟）（小组合作交流）

阅读材料，回答问题：对青少年来说，生命就像一棵小草，期待人们用心浇灌；生命像一朵鲜花，渴望人们精心呵护。我们周围不时闪现以下镜头：镜头一：小红怕吃药打针，患了感冒久拖不治，结果得了心肌炎。镜头二：小月护送低年级学生过马路。镜头三：李某认为，关注生命健康是个人的权利，轻生或自残与他人、社会无关。

（1）哪个镜头所反映的做法或认识是正确的？

（2）简要分析镜头三中李某的观点。

（3）我们身边有许多珍爱生命健康权的事例，请写出两例。

课后作业（9 分钟）

1. 故意或者过失造成他人受伤、生病的行为是（　　）。

A. 保护生命健康权的行为　B. 侵害健康权的行为

C. 侵害生命权的行为　　D. 侵害人格尊严权的行为

2. 下列属于公民积极行使生命健康权的是（　　）。

A. 小张患了感冒久拖不治，结果得了心肌炎

B. 小王和小李为了一件小事，在厮打中双方都受了伤

C. 张林在上课时突然发病，李南和王翔积极帮助，将其送往

医院

D. 王林骑自行车上学时，闯红灯过马路险些与正常行使的汽车相撞

3. 我们在享有生命健康权的同时，负有不得侵犯他人生命健康权的（　　）。

A. 道德义务和法定义务

B. 道德义务

C. 责任

D. 法定义务

4. 作为中学生，我们应该提倡以下做法（　　）。

①积极行使生命健康权　②关爱他人的生命与健康　③远离暴力，尊重生命　④在危机情况出现时，不顾个人安危，见义勇为

A. ①②③④　B. ①②③　C. ①②④　D. ②③④

5. 当公民的生命健康权受非法侵害时，不正确的做法是（　　）。

A. 受害人依法进行自卫

B. 其他公民不予以制止

C. 受害人受到轻微伤害时，有权要求侵害人赔偿医疗费

D. 非法侵害情节构成犯罪的，要追究侵害人的刑事责任

6. 张某不在家时，家里阳台上的花盆被大风刮到楼下，把过路的李某头部砸伤。对待此事（　　）。

A. 张某不负责任，因为他当时不在家

B. 张某要负责任，他侵犯了公民的生命健康权

C. 张某不负责任，因为他不是故意所为

D. 张某要负责任，他侵犯了公民的肖像权

7. 2009 年 3 月 27 日，是全国第十四个中小学生“安全教育日”。小明在青少年研究中心老师的帮助下，在同学中开展了调查活动。下表是部分调查结果。请回答问题。

类别 观点二 观点一	是	否
①上学快迟到了，过马路时是否可以闯红灯？	43.6%	56.4%
②当家里电器着火时，是否知道应该首先切断电源？	49.2%	50.8%
③上、下学途中，是否“偶尔”或“经常”购买路边小吃？	48.3%	51.7%
④近一年，是否曾经被人踢打或者恐吓过？	42.8%	57.2%

（1）曾经被人踢打或者恐吓过的同学，他们的什么权利受到了侵犯？这一权利受到侵犯时，应该怎么办？请提一条建议。

（2）调查结果反映同学们在维护自身安全上，存在哪些方面的问题？（至少3方面）

五、“五过程学案式主体探索教学模式”历史学案选

八年级历史（下）学案（2）

课题：第1课　中国人民站起来了　　课型：新授课

主备人：杨李　审核人：杨李

班级：________　姓名：________

讲学时间：2010年3月2日

【学习目标】

第一届中国人民政治协商会议、开国大典、西藏和平解放。

通过图片及影视资料培养口头表达能力和对历史事件的概述能力，通过讨论了解解决西藏问题的复杂性。

把本课与中国人民革命历程结合起来，体会“中国人民站起

来了”这句话的含义，明白新中国成立的伟大历史意义。

【教学重难点】

重点——开国大典　　难点——新中国成立的伟大历史意义

【学法指导】

快速找到并写出本课的大小标题，对知识结构形成整体印象。（填写在自主学习相应栏）

在自学阅读过程中，借鉴语文学习方法，概括每一段文字的中心意思。同时标注与识记重要的知识点，注意条理化。

在自学中，能提出一、两个问题，学会思考。

【教学过程】

导入

阅读下面的材料回答问题（限时5分钟）

三年以来，在人民解放战争和人民革命中牺牲的人民英雄们永垂不朽！

三十年以来，在人民解放战争和人民革命中牺牲的人民英雄们永垂不朽！

由此上溯到一千八百四十年，从那时起，为了反对内外敌人，争取民族独立和人民自由幸福，在历次战斗中牺牲的人民英雄们永垂不朽！

（1）“三年以来”是指什么时期以来？

（2）“三十年以来”指的是哪一历史事件以来？它标志着什么？

（3）“上溯到一千八百四十年”指的是什么事件？它标志着什么？

（4）请写出这段材料的来源。

自主学习、合作交流（10 分钟）

1. 召开时间：　　　　　　　地点：

2. 内容：

①通过文件《　　　　　　　　　　　　》；

②选举＿＿＿＿＿＿委员会；

③选举中央人民政府主席为＿＿＿＿＿＿；

④确定国旗、国歌、国都分别为＿＿＿＿＿＿、＿＿＿＿＿＿、＿＿＿＿＿＿，纪年方式是＿＿＿＿＿＿；

⑤建立＿＿＿＿＿＿纪念碑。

3. 请思考本次会议召开的意义？

随机练习

新中国成立初期起临时宪法作用的是（　）

A.《中华人民共和国土地改革法》

B.《中华人民共和国宪法》

C.《中华民国临时约法》

D.《中国人民政治协商会议共同纲领》

自主学习、精讲点拨（10 分钟）

1. 1949 年 10 月 1 日，这个光荣而伟大的日子，被永远载入史册。下列节日与它有关的是（　）

A. 青年节　　B. 国庆节　　C. 建军节　　D. 建党节

2. 按开国大典的议程来排列下列各项。答案：＿＿＿＿＿

A. 乐队奏起了《义勇军进行曲》

B. 毛泽东主席宣告：“中华人民共和国中央人民政府今天成立了！”

C. 举行盛大的阅兵仪式和群众游行

D. 毛泽东主席亲自按动电钮升起了第一面五星红旗

E. 54 门礼炮齐鸣 28 响

F. 毛泽东主席宣读中央人民政府公告

3. 新中国成立的历史意义（尝试划分层次并识记）

随机练习

1. “从此，中国结束了百年来被侵略被奴役的屈辱历史” 指的是（　　）

A. 1919 年五四运动以来的历史

B. 1911 年辛亥革命以来的历史

C. 1840 年鸦片战争以来的历史

D. 1937 年抗日战争以来的历史

小组合作、展示汇报（7 分钟）

1. 思考回答：为什么说西藏自古以来就是中国的领土？为什么“一面向西藏进军，一面力争和平解放”？

2. 写出西藏最终解放的时间、方式、相关人物。

课堂小结

知识结构梳理（精讲点拨）

中华人民共和国的成立
- 第一届中国人民政治协商会议（时间、地点、内容 5 条、意义）
- 开国大典（时间、具体过程排序）
- 新中国成立的历史意义
- 西藏的解放（时间、方式、人物、意义）

巩固训练（8 分钟）

基础题

1. 开辟了中国历史新纪元的事件是（　　）

A. 开国大典

B. 毛泽东主席亲自升起第一面五星红旗

C. “中华民国”的成立

D. 中华人民共和国的成立

2. 1949 年 10 月 1 日，在开国大典上，54 门礼炮齐鸣 28 响的寓意是什么（　　）。

A. 有 28 个省区获得了解放

B. 人民解放军有 28 个方阵经过天安门广场

C. 有 28 个民族参加了第一届中国人民政治协商会议

D. 中国共产党领导人民奋斗 28 年

3. 列举相关时间及会议

第一届中国人民政治协商会议召开的时间——

中华人民共和国诞生——

西藏和平解放——

为抗日战争的胜利作准备的会议——

为新中国的成立作准备的会议——

任命周恩来为政务院总理兼外交部长的会议——

提高题

1. 对于西藏的解放，中央人民政府为什么一面向西藏进军，一面力争和平解放？您对这个问题的正确理解是（　）

A. 中央人民政府谈判是假，武力解放是真

B. 中央人民政府谈判是真，武力解放是假

C. 为了维护国家的统一，为了民族团结，政府力争和平解放西藏

D. 中央人民政府是在威慑西藏

【反思（学习心得和体会）】

【课后作业】及时复习背诵本课所学内容。

七年级历史（上）学案（17）

课题：第 8 课中华文化的勃兴（一）　　　　课型：新授

主备：王文斌　　审核：王丽娜　　时间：2009 年 10 月 15 日

【教学目标】

1. 通过学习，掌握商朝甲骨文、中国古代历法和诗人屈原。了解我国先秦文字的演变，天文、历法、医学和音乐的成就。

2. 通过观察图片，总结甲骨文、金文、大篆的演变趋势。

3. 通过学习，了解我国劳动人民在古代就创造了辉煌的文明，培养学生民族自豪感和民族自信心；通过学习“诗人屈原”，对学生进行道德情操教育。

【学习重点】

甲骨文、商朝历法和诗人屈原。

【学习难点】

古代历法和《离骚》的艺术成就。

【学习过程】

自主探索、合作交流

中国文化的幼年时期（夏、商、周）（看课本 41 ~ 42 页）（5 分钟）

（一）文字的演变

1. 商朝人刻写在龟甲或兽骨上的文字，被称为____________。

2. 我国有文字可考的历史，是从________开始。

3. 商周青铜器上铸刻的文字，叫______，也叫__________。

4. 西周晚期，有人将文字统一整理成一种样式，这种字体称为______。

5. ________，人们用毛笔蘸墨，在竹简或丝帛上书写。

6.（　　）的铭文，在已发现的青铜器铭文中，是字数最多的。

A. 司母戊鼎　　　　　B. 四羊方尊

C. 青铜立人像　　　　D. 西周毛公鼎

（二）天文、历法、医学的成就（看课本 42 ~ 44 页）（8 分钟）

1. 在古书记载中，最早发生日食是在（　　）。

A. 商朝　B. 秦朝　C. 夏朝　D. 周朝

2. 今天的农历，又叫______，据说来源于____。到______时，历法逐渐完备。一年分为____月，大月____天，小月____天。

3. ____时期，人们测定出一年________，以便安排农业生产。

4. 扁鹊是______之际的名医，他总结出来的____、______、____、______四种诊断疾病的方法，一直被中医沿用。

文学与音乐如下：

著名诗人屈原是战国末期的哪国人？他的代表作是什么？这部著作反映了诗人怎样的思想情感？世界和平理事会给了屈原怎样的荣誉称号？

师生互动、精讲点拨（7 分钟）

通过刚才的学习与观察思考一下 42 页“马”字的变化，从象形程度、线条的曲直、笔画的繁简三方面总结一下我国夏商周时期文字演变的大体趋势。

课堂小结（板书）

文字：　　　　天文：

历法：　　　　医学：

文学：　　　　音乐：

课堂练习（5 分钟）

必做题

1. 请将下列图片所对应的文字种类写在下面

A　　　B　　　C

A. ________　B. ________　C. ________

2. 据说现在的农历来源于夏朝，所以又叫（　　）

A. 夏历　B. 周历　C. 商历　D. 阳历

3 人们测定出一年 24 个节气，是在（　　）

A. 夏朝时期　B. 商朝时期

C. 春秋时期　D. 战国时期

4. 被世界和平理事会定为世界文化名人的是我国战国末期的著名诗人（　　）。

A. 宋玉　B. 屈原　C. 李白　D. 杜甫

选做题

1. 闻名中外的甲骨文的发现时间和地点是（　　）

A. 19 世纪末的河南安阳　B. 19 世纪末的河南商丘

C. 20 世纪初的陕西西安　D. 20 世纪初的河南洛阳

2. 最早留下哈雷彗星的记录是在我国（　　）。

A. 商朝时期　B. 西周时期

C. 春秋时期　D. 战国时期

3. 我国古代伟大的诗人屈原生活在战国时期的（　　）。

A. 齐国　B. 燕国　C. 楚国　D. 秦国

4. 商朝人刻写在龟甲或兽骨上的文字，被称为“______”。商周铸刻在青铜器上的文字，叫做“____”，也叫“铭文”。

5. 望、闻、问、切四诊法，是由春秋战国之际的名医______

总结出来的。

6. “大篆”这种字体出现在____晚期。我国有文字可考的历史从______开始。

7. 阅读下列材料

“长太息以掩涕兮，哀民生之多艰！”

请回答：

①这句诗出自谁的什么作品？

②这句诗是什么意思？

③从中可以看出作者是一个什么样的人？

课后巩固

1. 请说出你知道的屈原的一句诗句并作出解释，或讲一个与屈原有关的故事，并说明他有什么精神值得我们学习。

六、“五过程学案式主体探索教学模式”地理学案选

八年级地理（上）学案（18）

课题：黄河的治理　　　　课型：新授课

主备人：阿古达木　审核人：地理组　时间：2009年11月2日

【学习目标】

1. 掌握黄河的源流概况。

2. 了解黄河的优点和缺点。

3. 理解并分析根治黄河的措施。

【学习重点】

黄河的发源地、流程长度、注入海洋，流经的地形区，水土流失，“地上河”等。

【学习难点】

水文特征的成因和治理方法。

【课时安排】

共用1课时。

【学习过程】

导入新课

自主学习

自主学习《黄河的治理》，完成下题：

①黄河的源流概况：(10分钟)

发源地：______________________

注入海：______________________

全长：______________________

流经地形区：______________________

______________________。

流经省区：______________________

______________________。

主要支流：______________________。

②黄河的主干呈“__________”型，从__________省出发，曲折东流，最后到达__________省流入海洋。

师生互动：

读图记忆上述内容。

小组讨论：

黄河给我们带来的“好处”和“坏处”。

①优点：A. ________；B. ________；C. ________。
缺点：A. ________；B. ________；C. ________；D. ________。

②“塞上江南”是指________________；“地上河”是指________________。

简要总结

黄河的优劣。

阅读材料

《根治黄河》，思考说出：根治黄河的主要方法有哪些？

治理：上游：
中游：
下游：

精讲点拨

治理黄河的关键是治沙，治理黄河的根本任务是保持中游的水土。

课时小结（板书）

黄河的治理

一、源流概况：1、2、3、4、5、6

二、黄河的优劣：

三、黄河的治理：

【练习巩固】：

A 类题

1. “黄河之水天上来，奔流到海不复回”中的“天”和“海”是指（　　）

A. 唐古拉山和东海　　B. 巴颜喀拉山和渤海

C. 喜马拉雅山和东海　　D. 昆仑山和渤海

2. 世界上含沙量最多、最难治理的河流是（　　）

A. 长江　　B. 黄河　　C. 尼罗河　　D. 亚马孙河

3. 下列平原不属于黄河冲积而成的是（　　）

A. 华北平原　　B. 宁夏平原

C. 河套平原　　D. 成都平原

4. 黄河下游河段的特点是（　　）

A. 水能丰富　　B. 支流多

C. 含沙量小　　D. 地上河

B 类题

1. 读下图填写下题：

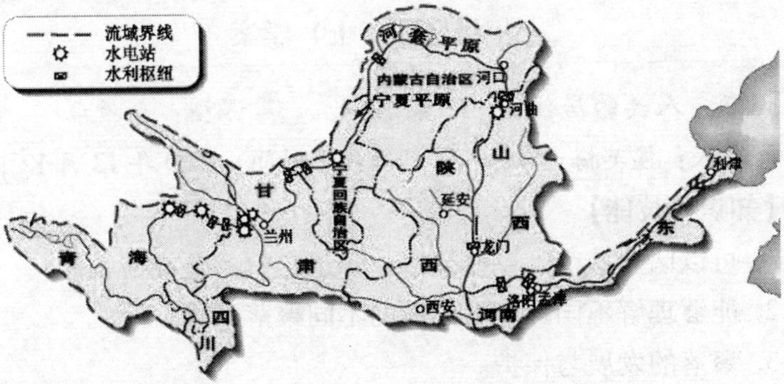

①黄河的发源地：________

②将下列地名的符号填在上图中相应的位置。

A. 渤海　　B. 约古宗列曲支流　　C. 汾河　　D. 渭河

③黄河塑造的主要平原是________、________、________。

④黄河的下游河段被称为“________。”

⑤治理黄河的主要任务是：________________。

⑥在图中水电站密集的地方地势不平坦，多为________________。

⑦黄河容易发生凌汛的河段在________________（省级行政区）。

【课堂评价】：地理综合成绩评分表

班级________ 小组________ 日期________

姓名：	课堂表现	作业情况	思维方式	记忆情况	考试成绩
等级					
分数					

【学习反思】

（略）

七年级地理（上）学案

课题：人类的居住地——聚落　　　　课型：新授课

主备人：侯英梅　审核人：地理组　时间：2009 年 12 月 12 日

【知识与技能】

1. 可以区分城市、乡村聚落，知道它们的差异与不同；
2. 能够理解不同环境下形成的不同聚落形式；
3. 聚落的发展与保护。

【情感态度价值观】

1. 学会树立正确的人地和谐发展观，学会尊重大自然；
2. 适当保护传统聚落，保护民族特色与传统。

【重点与难点】

1. 聚落形成与环境的关系；
2. 聚落的发展与保护。

【教学方法】

自主学习、比较讨论。

【课时安排】

共 1 课时

【学习过程】

导入新课（2 分钟）

自主学习、合作交流（20 分钟）

［乡村与城市］

阅读第 78 页教材第一、二自然段，自主学习：

1. 聚落的概念：聚落不仅是人们的居所，也是人们进行________和________的场所。

分类：人类的集中居住地——______和______统称为聚落。一般来说，先有________，后有________。

2. 不同聚落劳动生产方式的差异：

乡村聚落类型有________、________、________、________等，生产活动有________、________、________、________等。

城市聚落的居民主要从事________、________等工作。

3. 观察分析第 78 页图 4.16、图 4.17、第 79 页图 4.18

描述乡村景观和城市景观的主要差异：

	房屋		道路	商店	学校	医院	农田果园	自然改变大小
	密集度	高度						
乡村	稀疏			少		少		小
城市		高	密集		多		无	

［聚落与环境］

1. 读图 4.19 自主学习：分析聚落形成与发展的主要因素：

A. 自然因素：土壤________、水源________、地形________；资源________。

B. 社会因素：交通____，经济发展水平等。

2. 世界聚落的分布：一些河流中下游的____地区，聚落分布比较密集，在____、____地区，少有或没有聚落。

3. 读第 81 页图，填写不同气候条件下建筑景观的差异。

聚落名称	民居特点	气候特点
东南亚高架屋	双层木楼或竹楼	
西亚的村庄		炎热，昼夜温差大
因纽特人的冰屋	低矮无窗，保温效果好	
黄土高原窑洞		冬冷夏热，降水少
西双版纳傣族竹楼	屋顶坡度大，下部通风防潮	

[聚落的发展与保护]

1. A. 聚落的发展：在乡村和城市的发展中，如何保护好聚落中有价值的纪念地、建筑群和医遗址，处理好______与______的关系，是全人类共同面临的问题。

B. 传统聚落的保护：

读第 82 页阅读材料，找出世界文化遗产中有哪些传统聚落。

2. 小组讨论：对于传统聚落中民居的开发与保护，有不同的观点。

以北京四合院为例，谈谈你的看法。

师生互动、精讲点拨（6 分钟）

1. 乡村与城市的景观差异。

2. 不同环境下形成的不同聚落形式。

3. 聚落的发展与保护。

课堂小结（板书设计）（4 分钟）

第三节　人类的居住地——聚落

环境←聚落→{乡村 / 城市}差异
　　　↓
　发展与保护

巩固训练（8 分钟）

A. 填空题

1. 聚落包括______和______两种，先有______，后有______。

2. 聚落形成与发展的主要因素：土壤肥沃、________、地形平坦、交通________、自然资源丰富。

B. 连线题：

国家	文化遗产
法国	历史城区
意大利	皖南古村落
我国山西省	丽江古城
我国云南省	平遥古城
我国安徽省	威尼斯城
我国澳门	“巴黎塞纳河岸”

【教学反思】

（略）

3. 七年级地理（下）学案

课题：东南亚　　　　　　　　　　　　课型：新授课

主备人：姚志刚　审核人：地理组　时间：2010 年 3 月 8 日

【知识与技能】

1. 掌握东南亚的地理位置及其特点。
2. 了解东南亚热带气候与农业生产，掌握其主要的农产品。
3. 理解东南亚山河分布与城市的布局。
4. 知道东南亚是华人华侨集中的地区及重要旅游资源。

【学习重点】

位置、农业、旅游资源。

【学习难点】

山河分布与城市的布局有何关系，自然对农业、人文的影响。

【课时安排】

共用2课时，本节为第一课时。

【学习过程】

引入新课（1分钟）：

自主学习，合作交流（15分钟）

十字路口的位置

读图7.17、7.18《东南亚的地形》并阅读26页和27页课本，完成下面的题：

1. 东南亚位于亚洲的__________，范围包括____________和_______________两大部分。

2. 东南亚地处__________洲和____________洲、__________洋与__________洋之间的“十字路口”。______海峡是马来半岛与苏门答腊岛之间的重要海上通道。

3. 读图7.18、7.22，找出印度洋、太平洋、中国、印度，看看他们在东南亚的哪个方位。找出中南半岛、马来群岛、马来半岛、马六甲海峡的位置，了解东南亚的海陆位置特点。

4. 找出东南亚主要国家的名称。岛屿国家有：__________________________；临海国家有：______________________________；内陆国家有：____________。

5. 根据纬度范围判断东南亚所处热量带______________。

热带气候和农业生产

6. 读图30页7.25、7.26、7.27填写下表。

地域	气候类型	气候特征	区别
中南半岛（曼谷）			
马来半岛（新加坡）			

7. 思考：结合课本内容，分析气候对农业生产的影响____

8. 思考：结合课本内容，分析气候对农作物分布的影响______

______

9. 读图 7.22 找出该地的主要农作物，填写下表：

国家	主要农作物
泰国、越南、缅甸	
马来西亚	
菲律宾	
	世界最大的椰子生产国
	世界最大的橡胶生产国

师生互动，精讲点拨

1. 纬度位置对气候的影响。

2. 气候对农业生产和农作物分布的影响。

课时小结

第二节东南亚

（一）十字路口的位置
- 纬度位置：
- 海陆位置：

（二）热带气候与农业：
- 气候类型：
- 主要农产品：

练习巩固

1. 北回归线穿过东南亚的______部，赤道穿过东南亚的______部，因此东南亚大部分位于五带中的______带。

2. 东南亚位于______洋和______洋，______洲和______洲之间的“______”的位置。

3. 马六甲海峡位于______和______之间，沟通______洋和______洋，被日本称为“______”。

4. 东南亚唯一的内陆国家是（　　）。

A. 缅甸　　B. 老挝　　C. 柬埔寨　　D. 泰国

5. 世界上最大的群岛国家是（　　）。

A. 日本　　B. 菲律宾　　C. 印度尼西亚　　D. 马来西亚

6. 连线题：

印尼　　　　　　椰子生产大国

马来西亚　　　　棕油生产大国

菲律宾　　　　　蕉麻和椰子

泰国　　　　　　天然橡胶

【反思】

（略）

七、“五过程学案式主体探索教学模式”物理学案选

八年级物理（下）学案（37）

课题：平面镜成像　　　　　　　　　　课型：新授课

主备人：赵　赫　审核人：初二物理组　时间：2009 年 10 月 6 日

【教学目标】

1. 了解平面镜成像的特点。

2. 理解日常生活中平面镜成像的现象。

3. 初步了解凸面镜和凹面镜及其应用。

4. 经历“平面镜成像特点”的探究，学习对实验过程中信息的记录。

5. 通过对平面镜、球面镜应用的了解，初步认识科学技术对人类生活的影响。

【教学重点】

平面镜成像的特点。

【教学难点】

虚像的概念。

【教学器材】

平面镜、激光演示器、蜡烛等。

【教学方法】

实验法、讨论法、探究法。

【课时安排】

1.5 课时

【教学流程】

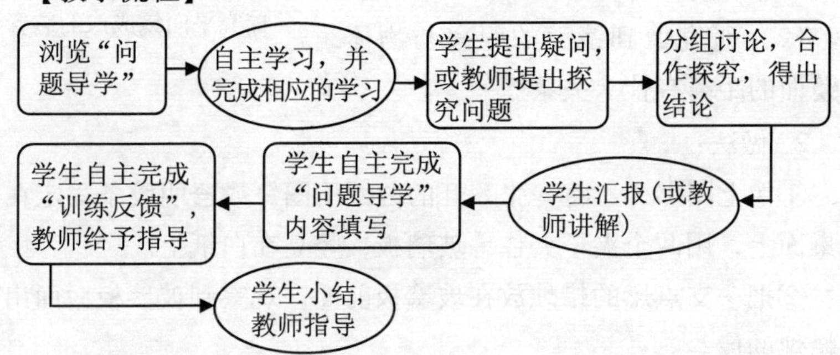

自主学习、合作交流

1. 冬冬同学身高 1.5m，站在平面镜前 3m 处。她的像高是____m，她的像到镜面距离为____m，若此人向平面镜移动 1m，则她的像到镜面距离为____m，她的像高是____m。现将一块和镜面一样大的木板放在镜子后面 1m 处，如下图所示，这时她________(选填“仍能”或“不能”）在镜中看到自己的像。

2. 小猫在平静的池塘边欣赏自己在水中的像，下列图中正确的是（　　）

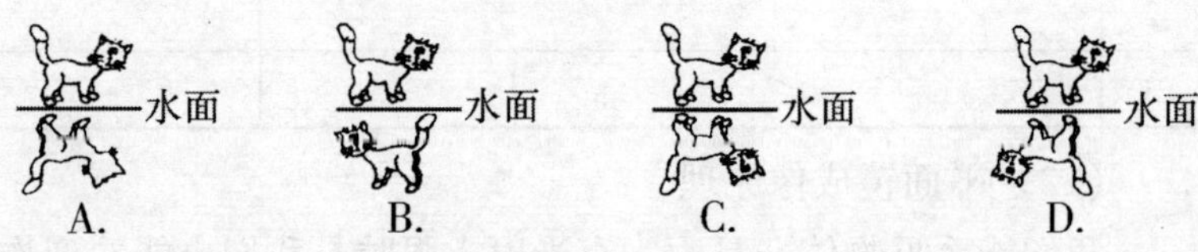

师生互动，精讲点拨

（一）［探究］平面镜成像的特点

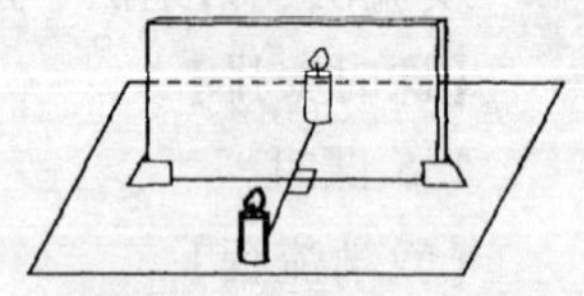
探究平面镜成像的装置

1. 探究活动的目的和做法

目的：（1）研究物体在平面镜中所成的像和物体有什么关系。

（2）研究像到镜面的距离与物体到镜面的距离有什么关系。

2. 做法：

①像上图那样，将一张 8 开的白纸用图钉或透明胶条固定在水平桌面上，用两个夹子夹住一玻璃板，竖立在白纸上。

②把一支点燃的蜡烛放在玻璃板前面，观察到玻璃板后面出现了蜡烛的像。

③另拿一支相同的蜡烛在玻璃板后面移动，使它与前面蜡烛的像重合（左右移动，直到从不同位置看上去它们都重合在一起），这时后一支蜡烛的位置就是前一支蜡烛的像的位置。改变玻璃前蜡烛的位置，把实验再做两次，每次都记下两支蜡烛的位置。

④在白纸上画出玻璃板的位置，移开玻璃板，用刻度尺画实直线把每次实验中两支蜡烛的位置连接起来，量出两支蜡烛到玻璃板的距离，记录下来并比较它们的大小，再用量角器测量，看它们是否与镜面垂直。

⑤把测量结果填写在下表中。

序号	物体到平面镜的距离/cm	像到平面镜的距离/cm	像与物体大小比较
1			
2			
3			

（二）平面镜成像原理

我们能看见物体，是因为有光射入眼睛，我们也能看到物体在

平面镜里的成像，成像的光是从哪里来的呢？

1. S 能发出多少条光线，方向如何？

2. 射到平面镜上的光线有多少条？

小资料：平面镜的发展史

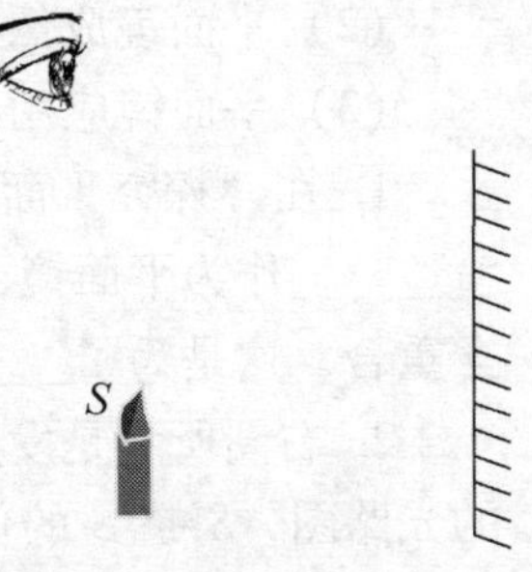

平面镜成像原理示意图

平静的水面，抛光的金属面，都具有平面镜的作用。我国是世界上最早使用平面镜的国家之一。远古时期，人们就会利用平静的水面作镜子来梳妆打扮。人们还利用水镜来美化环境，建于宋代的桂林花桥就是利用平静的水面造成的“倒像”，使花桥显得更加美丽，使之有“桂林山水甲天下”的美称。我国大约在四千年前的夏朝就有了铜镜，在战国时代，铜镜盛行，制作精美，但多是贵族妇女才能使用。近代发展了利用玻璃制成平面镜，镜子才在民间普遍使用。

（三）平面镜的应用

同学们想一下哪些地方需要用到平面镜。

小故事：公元前 215 ~ 公元前 212 年，罗马人大举入侵希腊，派出一支船队，满载精兵，准备攻打阿基米德的家乡——叙拉古城，面临来势凶猛的强敌，阿基米德求见国王，献出破敌妙计，他动员全乡的妇女和守城的人在海岸边列队。每人各执一面平面镜，把太阳光集中向罗马战船反射，不一会，罗马战船上的士兵被照得头晕目眩，丧失战斗力被迫撤退。阿基米德利用平面镜光反射的原理击退了敌人，拯救了他的家乡。

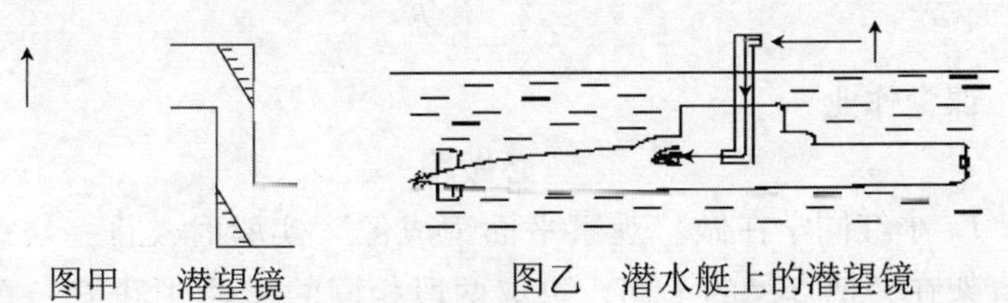
图甲　潜望镜　　　图乙　潜水艇上的潜望镜

平面镜成像：

（1）特点：①__________；②__________；③__________；④__________；

（2）平面镜成像原理：____________。

（3）平面镜应用：____________；____________。

1. 在“探究平面镜成像的特点”实验中，在桌面上竖立一块________作为平面镜，实验时，要使镜后的蜡烛与镜前蜡烛的像完全重合，这是为了________。

2. 右图所示是发光点 S 在平面镜中成像的光路图，S' 是 S 的像，我们能看到 S' 是因为（　　）。

A. S' 也是一个发光点

B. S' 发出的光线射入眼睛

C. S 发出的光线射入眼睛，于是在平面镜中看到 S'

D. S 发出的光线经镜面反射进入眼睛，逆着反射光线方向看到虚像 S'

3. 我们在河边看到树木和建筑物的“倒影”和立竿见影的“影”，前者是由________引起的，后者是由________引起的。

4. 根据平面镜成像特点，在下图中画出物体 AB 在平面镜 MN 中所成的像 $A'B'$。

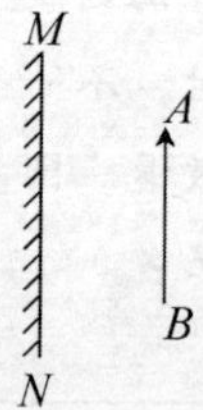

课堂作业

必做题

1. 小红同学在做“观察平面镜成像”实验时，将一块玻璃板竖直架在一把直尺的上面，再取两段相同的蜡烛 A 和 B 一前一后

竖放在直尺上，点燃玻璃板前的蜡烛 A，进行观察，如图所示。在此实验中：

（1）直尺的作用是便于比较像与物______的关系；

（2）两段相同的蜡烛是为了比较物与像______的关系；

（3）移去后面的蜡烛 B，并在其所在位置上放一光屏，则光屏上________接收到蜡烛烛焰的像（选填“能”或“不能”）。

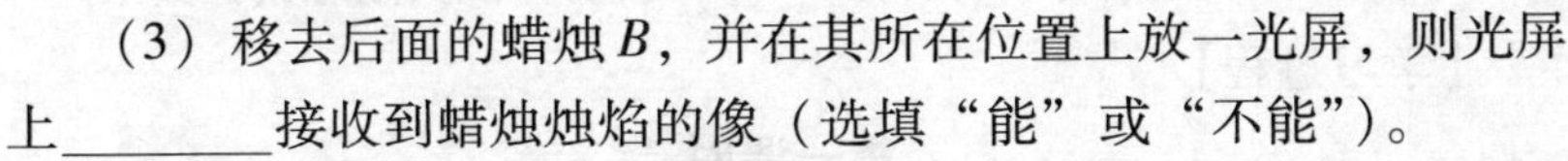

选做题

2. 如下图所示，平面镜上方有一竖直挡板 P，AB 和 CD 是挡板左侧的发光点 S 经过平面镜反射后的两条反射光线，请在图上作出发光点 S。（要求留下作图痕迹）

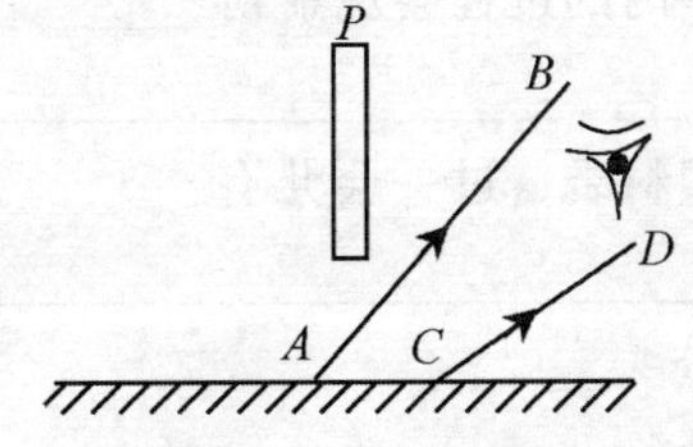

八年级物理（上）学案（12）

课题：§4.3 汽化和液化　　　　课型：新授课

主备人：赵云梅　　　　审核人：初二物理组

备课时间：2009 年 9 月 30 日

【学习目标】

1. 知道什么是汽化，什么是液化。理解液化是汽化的逆过程。

2. 了解沸腾现象，知道什么是沸腾（点）。通过探究活动了解液体沸腾时的温度特点。

3. 知道蒸发可以制冷。

【学习重点】

1. 掌握汽化与液化的概念。

2. 探究沸腾蒸发。

【学习难点】

1. 了解汽化与液化。

2. 探究沸腾与蒸发。

【课前活动】

布置学生课前完成“纸锅烧水”的实验。(强调注意实验安全)

【学习过程】

第一课时

引入新课(2 分钟)

自主探究

1. 课本第 85 页想想做做:

通过由甲→乙→丙的过程会观察到____________________,这个现象说明________________________________。

从热水中拿出塑料袋,过一会儿有____________________现象,说明____。

2. 填空:

固态 $\underset{(\quad)}{\overset{(\quad)}{\rightleftharpoons}}$ 液态 $\underset{(\quad)}{\overset{(\quad)}{\rightleftharpoons}}$ 汽态

3. 例如:常见的气化现象有__________________________,液化现象有____。

知识点:沸腾(探究水的沸腾)。

合作交流、师生互动

(1)提出问题:我们经常看到烧开水的现象,对此现象,你知道哪些?还想进一步了解什么?

(对提出的典型问题板书,如:水在沸腾时有什么特征?是不是温度越来越高?)

(2)大胆猜想。(猜想有一定的科学依据)

(3)设计实验:分别给学生提供铁架台、酒精灯、烧杯、热

水、温度计和火柴等器材，让学生设计实验方案，探究“水沸腾时的现象和规律”。

用多媒体投影学生设计的典型实验方案，请其他学生进行评估、交流，形成最佳方案。

(4) 进行实验：让学生分组实验，教师巡回指导（观察现象，每隔1分钟记录一次温度。为节约时间，可用90℃以上的热水做实验)，并将数据填入表格。

时间/min	0	1	2	3	4	5	6…
温度/℃							

根据表格中的数据将书上4.3-3的图像描绘出来。

(5) 得出结论。

小组讨论、得出结论

要求学生把下列现象表达完整。

刚开始给水加热时，在烧杯的内壁上出现许多小气泡，随着水温升高，小气泡的温度升高，体积______，当体积增大到一定程度时，脱离壁上升，由于水上层温度较低，所以小气泡上升过程中温度降低体积______。

随着水不断吸收______，水的上下部位温度达到均匀一致。

③水沸腾前，温度计的示数______，当水沸腾时，温度计的示数______。

④液体沸腾时的温度叫______。不同液体的沸点______。

⑤液体的沸点与液面上______的大小有关，在一标准大气压下水的沸点为100℃。

结论：沸腾是在______下，在液体______和______同时进行的______汽化现象。液体在沸腾过程中不断吸收热量，但______。

能力拓展

在学生回答的基础上，教师重点强调沸腾特点和沸点的定义，

引导学生看小资料，并回答问题：

1. 能否用酒精温度计测沸水的温度？

2. 怎样解释“纸锅烧水”现象？

巩固训练

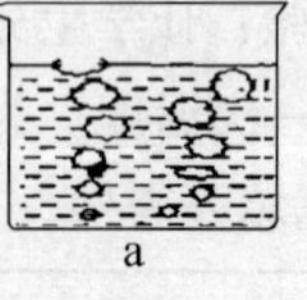

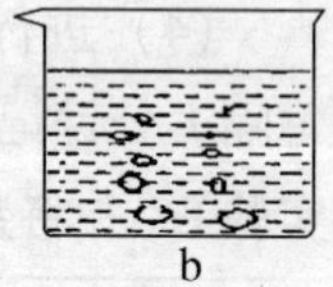

在“观察水的沸腾”的实验中，某实验小组观察到水沸腾前和沸腾时水中气泡的上升情况不同，如右图中 a、b 所示，则图________是水在沸腾前的情况，图________是水在沸腾时的情况，小组记录的实验数据如下表所示：

时间（min）	…	4	5	6	7	8	9	10	11	12	13	…
温度（℃）	…	90	91	93	97	98	98	98	98	98	98	…

（1）从记录的数据可得出的实验结论是：此时水沸腾的温度是______℃。

（2）实验得到的结论与水在标准大气压下的沸点100℃有明显的差异，其原因可能是__________________________________。

第二课时

知识点：蒸发。

自主探究

1. 在地上洒一些水，一会儿不见了，蒸发了。说明蒸发是一种______现象。夏天阳光下湿衣服能晾干，阴暗处也能晾干。说明蒸发在________温度下进行。蒸发只发生在液体的_______。

2. ____叫蒸发。

3. 汽化的两种方式是________和________。

合作学习

如何加快液体蒸发？

师生互动、精讲点拨

1. 影响蒸发的因素（2 分）

______________、________________、______________。

2. 书 89 页通过想想做做会发现液体在蒸发过程中______，致使______和_________温度下降。

因此蒸发有___________的作用。解释图 4.3－5 中的现象。

知识点：液化。

师生互动、精讲点拨

前面我们看到把塑料袋从热水中拿出来，晾一会儿后，塑料袋会变瘪，且有酒精液滴生成，这说明了什么？______________

可见：物质由气态变为液态的过程，这个过程叫_________，例如__________________。

请你采用逆向思维猜想：液化时，是放热，还是吸热？举例说明。

小组讨论，得出结论

____

____

自主探究

阅读课本最后一自然段并填空：

实验表明，______气体在温度降到足够低时都可以液化。在一定温度下，_________也可以使气体液化。气体液化后体积缩小，便于_________。

由此可知，汽化的两种方式是______________和______________。

常见的自然现象中____、____、____、____、____等都是通过液化而形成的。

巩固训练

1. 夏天吹电风扇人感到凉爽，这是因为（　　）。

A. 吹过来的风的温度比室温低

B. 室内的温度降低了

C. 汗液蒸发使人体表面的温度下降

D. 风把人体的温度传到了空气中

2. 以下自然现象形成过程中需要吸热的是（　　）。

A. 初夏，林中白雾弥漫

B. 春天到了，冰雪消融

C. 清晨，草叶上露珠晶莹

D. 深秋，果实上挂满了白霜

3. 下图中的符号分别代表冰雹、小雪、雾和霜冻四种天气现象，其中主要通过液化形成的是（　　）。

A. 冰雹　　B. 小雪　　C. 雾　　D. 霜冻

4. 夏天，从冰箱中取出瓶装矿泉水时，会发现瓶外壁“出汗”，这是（　　）。

A. 水从瓶内渗出来的结果

B. 空气中水蒸气遇冷的液化现象

C. 空气中水蒸气的汽化现象

D. 瓶外壁上的水汽化产生的现象

5. 下图所示的是自然界中常见的一些现象，针对各种现象的解释，正确的是（　　）

A. 玻璃上的小水珠是空气中的水蒸气凝华形成的

B. 棒冰冒“白气”是棒冰升华形成的

C. 花草上的小露珠是草叶分泌出来的

(a) 天冷时，窗玻璃上结有小水珠　(b) 夏天吃棒冰时，揭开包装纸后棒冰会冒“白汽”　(c) 夏天的早晨，花草上常有小露珠　(d) 用热风干手器将湿手吹干

D. 热风干手器的作用是加快手上的水分蒸发

延伸拓展

被 100℃水蒸气烫伤比同温度的水烫伤更厉害。为什么？

【板书设计】

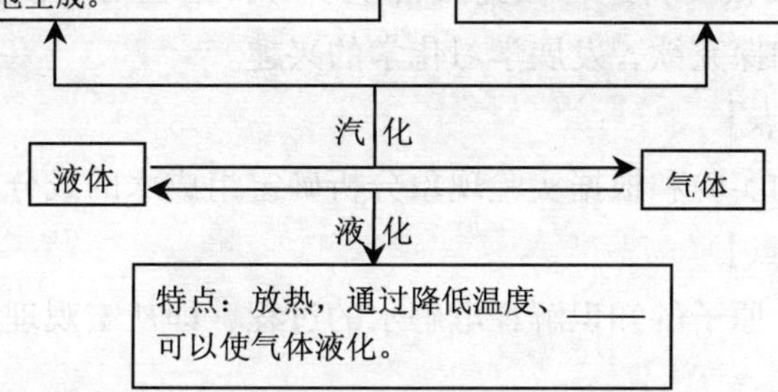

【教学反思】

（略）

八、“五过程学案式主体探索教学模式”化学学案选

1. 九年级化学（上）学案（12）

课题：§4.3　探究水的组成　课型：新授课　课时：1课时

主备人：范红　审核人：初三化学组　备课时间：2009年9月18日

【学习目标】

1. 了解水的物理性质。

2. 通过电解水的实验，认识水是由氢、氧两种元素组成的。

3. 通过观察实验，培养宏观和微观相结合的分析探究能力。

4. 通过电解水的实验，培养实事求是的科学态度。

5. 本节课主要通过演示实验和实验产物的验证进行学习。

6. 通过阅读资料进行探究式自主学习，增强对生活中化学现象的好奇心和探究欲，发展学习化学的兴趣。

【学习重点】

电解水的实验和根据实验现象分析确定组成水的成分元素。

【学习难点】

用分子、原子的知识解释电解水的过程，即从宏观理解转向微观分析。

【学习过程】

学前准备（5分钟）

教师准备：水电解器、6V低压直流电源，用氧气饱和的5%～15%氢氧化钠溶液（或1∶10）、木条、火柴。

学生准备：收集生活中有关水的知识资料，如水的用途、水的污染情况等。

小组讨论·得出结论（10分钟）

1. 水属于哪类物质？它是由哪些元素组成的？

2. 冰能浮在水面上，与水的哪个性质有关？玻璃瓶中的水结冰后为什么会将瓶子冻裂？高原地区烧开水为什么要用高压锅？

阅读课本并总结水的物理性质：

1. ____色 2. ______味 3. ______的____液体 4. 在压强为101. 3kpa 时，水的凝固点是__________，沸点是____。温度为4℃时水的密度最大为__________。

实验观察，精讲点拔

1. 往电解器里注满水，连接蓄电池，通入直流电让水电解，注意观察电极上和刻度管内有什么现象发生。

老师在水里加了什么？__________。有何作用？____________________。电极上和刻度管内有什么现象发生？__________。（学生讨论后教师总结）

2. 过一段时间后，停止电解。用带火星的木条检验连接电源正极刻度管内的气体；（你猜是什么气体？）

用点燃的木条检验电源负极的刻度管内的气体（提示信息），描述现象______________________________。

师生探究·合作交流（10 分钟）

1. 通电后可以发现，两个电极的表面都有________放出。

2. 电解后连接电源负极刻度管内的气体的体积是______，连接正极刻度管内的气体体积是______，它们的比例约为________。

3. 连接电源负极刻度管内的气体（可或不可）燃烧，产生____________色火焰，它是______________________。

4. 连接电源正极刻度管内的气体________（能或不能）使带火星的木条________，它是______________。

小组讨论·同学互助

1. 从上面的信息中我们知道了什么？水通电后生成了____和____,那么水分子是由什么原子构成的？____；水是由哪些元素组

成的？________；怎样证明的？________________

2. 电解水的文字表达式为________________

观察表达式和实验，我们可以得出什么结论？

1. ________________

2. ________________

3. ________________

4. ________________

教师提示：我们可以从原子核分子的观点来分析电解水。

个别质疑·归纳总结

水的化学性质是什么？

通过这节课，我学到了探究物质组成的方法。

巩固训练（15 分钟）

1. 下列变化不属于分解反应的是（　　）。

A. 碳酸钙⟶氧化钙＋二氧化碳

B. 碳酸氢铵⟶氨气＋水＋二氧化碳

C. 氧化钠＋水⟶氢氧化钠

D. 高锰酸钾⟶锰酸钾＋二氧化锰＋氧气

2. 下列各组物质中，前者是化合物，后者是单质的是（　　）。

A. 高锰酸钾、氮气

B. 洁净的空气、氧气

C. 铝、二氧化碳

D. 硫粉、氧化镁

3. 下列关于水的性质的描述，属于物理性质的是（　　）。

A. 水电解可产生两种气体

B. 水在结冰后体积变大

C. 水不能燃烧

D. 水在 100℃时，可能不会沸腾

4. 现有下列物质：①氧气②氢气③河水④镁⑤氧化镁⑥空气

⑦水。

其中属于单质的是__________，属于化合物的是____，属于混合物的是______。(填序号)

5. 根据右图所示电解水装置中的现象，判断所接电源的正负极。

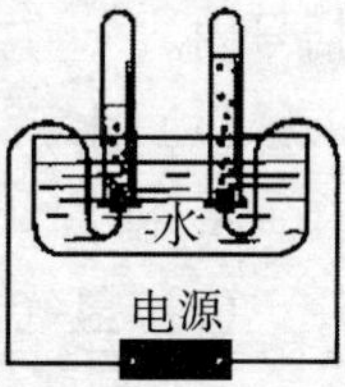

图中 A 点表示______极，B 点表示______极。

6. 下列各题的说法是否正确，若不正确，请改正。

（1）水是由氢氧两种元素组成的，所以水是混合物。

（2）同种元素组成的物质叫单质。

（3）因为水中含有氧元素，所以水生动植物能在水中获得呼吸所需的氧气。

7. 为节约用水，避免浪费，使用自来水后要及时关紧水龙头。但有些人不注意滴漏现象，认为这微不足道。下面通过计算就可知道这不经意的浪费有多大。假若某一个水龙头每秒钟只滴 2 滴水，20 滴为 1 毫升，试计算一昼夜（24 小时）中 5 个这样的水龙头滴水多少毫升？在我国的西北干旱山区，平均每人每天饮用水不足 500 毫升。浪费的这些水可供这一地区每天约多少人饮用。通过这道计算题，你从中得到什么启示？

学习小结

通过本节课的学习你学会了哪些知识？

延伸拓展

1. 春天里常有春寒来临，在寒潮到来之前，为了保护秧苗夜间不被冻坏，傍晚往秧田里多灌些水。这样，夜间秧田的温度不致降低太多，秧苗不会被冻坏。这主要是利用水的哪一个性质（　　）。

A. 水的密度在 4℃时最大

B. 水的冰点是 0℃

C. 水的比热容较大

D. 水结冰时体积膨胀

2. 以下每组由三种物质组成，分析把它们放在一组内的理由，然后从备选答案中找出与它们同一类别的物质，将它们的序号填在括号内。

（1）水、二氧化碳、高锰酸钾（　　）。

A. 磷　　B. 硫　　C. 盐水　　D. 锰酸钾

（2）氢气、氮气、铁（　　）。

A. 碳　　B. 二氧化锰　　C. 水　　D. 高锰酸钾

（3）氧化铜、五氧化二磷、水（　　）。

A. 铜　　B. 氧化铝　　C. 磷　　D. 空气

3. 在一些重要活动或一些商业庆典中，常悬挂一些氢气球，但有时气球破裂遇到明火时很容易发生爆炸或引起火灾，因此有人用密度稍微比氢气大的稀有气体——氦气充填气球，这样既可以使气球上升，又杜绝了安全隐患。请据此简要回答：

（1）从以上事实中可以得出氢气的物理性质有__________，化学性质有________。

（2）用氦气充填气球的优点是：__________。

4. （2007 年 · 湖北荆州）下列四种物质中，由单质和化合物组成的混合物是（　　）。

A. 食盐水

B. 空气

C. 黄铜（铜锌合金）

D. 液态氧

5. （2007 年 · 广西南宁）如右图所示是电解水的实验装置图，请回答：

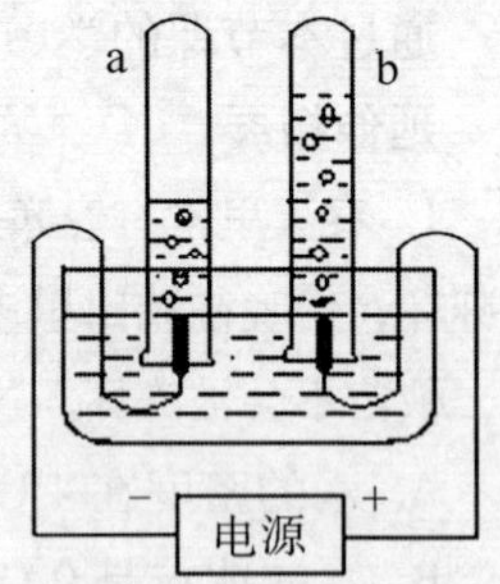

①通电后，电极上出现气泡，一段时间后 a 试管和 b 试管中所收集的气体体积比约为：____________；

②电解水的分子表达式为：____________。

【学习心得】

（略）

【小组长意见】

作业成绩：____整洁程度：____（签字）　　____月____日

九年级化学（上）学案（24）

课题：§5.1　洁净的燃料——氢气　　课型：新授课

主备人：姜劲松　　审核人：初三化学组

备课时间：2009年10月18日

【学习目标】

1. 认识氢气的物理性质。
2. 了解氢气的燃烧过程及产物。
3. 知道点燃氢气之前必须验纯。
4. 初步学习如何检验氢气的纯度。
5. 遵守实验规程，意识到安全操作的重要性。
6. 知道化学变化伴随有能量变化。
7. 认识氢气是理想的高能洁净燃料的原因。
8. 通过对实验现象的观察与描述，逐步树立严谨的科学态度、安全意识和社会责任感。

【学习重点】

氢气的物理性质及可燃性、氢气的验纯、燃烧反应的热值。

【学习难点】

点燃之前必须验纯的原因和方法。

【学习过程】

学前准备（5分钟）

1. 通常状况下氢气是______色______气味、密度最小的________，极______溶于水。

2. 从氢气肥皂泡迅速上升的现象说明了氢气密度比空气密度______。

3. 当用燃着的木条接触氢气肥皂泡时发现它可着火燃烧，说明氢气具有________________________。

4. 氢气常温下化学性质稳定，在________下能跟很多物质反应。

5. 点燃纯净氢气可以__________。点燃不纯氢气会__________。因此使用氢气时要特别注意安全。点燃氢气前一定要检验氢气的纯度。

6. 什么叫氢气的爆炸极限？

7. 怎样检验氢气的纯度？

8. 氢气燃烧的______，产物是______，它是理想的高能洁净燃料。但尚未得到广泛使用的原因是____________________。

小组讨论·得出结论（10 分钟）

总结氢气的物理性质：

1. ____色 2. _____味 3. _____态 4. __________溶于水

5. 标准状态下密度为__________。

实验观察，精讲点拨

点燃纯净的氢气，火焰为______，在火焰上方罩一个干冷烧杯，烧杯内壁上有______。手触烧杯，感觉______。

点燃氢气和空气的混合物时观察到现象________________。

反应的化学方程式为________________________。

师生探究·合作交流（10 分钟）

化学反应生成新物质的同时，总是伴随能量变化。

一切可燃性气体或粉尘混有一定比例空气时点燃都会发生爆炸。

如何检验氢气的纯度。

小组讨论·同学互助

氢气作为燃料与现代广泛采用的化石燃料相比，有什么优点？

个别质疑·归纳总结

1. 氢气的物理性质
2. 氢气的化学性质
3. 氢气的用途

巩固训练（15 分钟）

1. 下列物质中，属于纯净物的是（　　）。

A. 空气　　B. 水　　C. 氢气

D. 用氯酸钾和二氧化锰制氧气后的剩余物

2. 下列有关氢气和氧气的物理性质的叙述中不正确的是（　　）。

A. 氢气比氧气难于液化

B. 氧气比氢气更难溶于水

C. 它们通常均为无色无味的气体

D. 氢气比相同条件下氧气密度小

3. 重大庆典活动中，人们鸣放鞭炮、放飞气球以示欢庆，从安全和环保的角度出发，填充气球的气体应该是（　　）。

A. CO　　B. H_2　　C. CH_4　　D. He

4. 氢气是一种极其理想的新能源，因为氢气燃烧放出热量大，且生成物是水，不污染环境。但氢气作为能源目前还不能广泛使用，分析原因下列说法错误的是（　　）。

A. 虽然制氢的资源丰富，但制取成本高

B. 高效、廉价的储氢材料还在研究中

C. 高效、经济的制氢方法还在研究中

D. 氢气的化学性质很活泼，常温下就会发生爆炸

5. 氢单质的哪些性质使它具有下列用途（　　）。

A. 充填探空气球　　B. 焊接金属

C. 推动火箭　　D. 冶炼金属

学习小结

通过本节课的学习你学会了哪些知识？

延伸拓展

在氢气还原氧化铜的实验中：

1. 可以观察到现象是：试管内黑色固体变为______，试管口有______________________________。

2. 该反应的化学方程式是______________________。

【学习心得】

（略）

【小组长意见】

作业成绩：____　整洁程度：____（签字）　____月____日

九、"五过程学案式主体探索教学模式"生物学案选

七年级生物（下）学案（8）

课题：食物中的营养物质　　课型：新授课

主备人：秦丽霞　审核人：初一生物组　时间：2010年3月7日

【学习目标】

1. 说出人体需要的主要营养物质。

2. 运用科学探究方法测定食物中的能量。

【重点与难点】

营养物质的类别、作用和食物的来源。

【教学方法】

探究法、讨论法、交流法。

【学习过程】

学前导入（2 分钟）

自学过程（自主探究、合作交流）（12 分钟）

A 题：

1. 食物中含有哪些营养物质？

2. 生活中，哪些物质属于糖类？

3. 蛋白质的作用是什么？

B 题：

1. 你知道这些营养物质可以分为几类吗？

2. 你记住各种无机盐和维生素的缺乏症状了吗？同桌互考。

导学过程（精讲点拨、师生互动）（18 分钟）

1. 六大营养物质的类别。

2. 各种无机盐和维生素的作用。

知识点梳理（2 分钟）

1. 六大营养物质可以分为__________和__________。

2. 维生素缺乏症：维生素 A ____________________

维生素 B_1 ____________________

维生素 C ____________________

维生素 D：老人__________儿童________

3. 无机盐缺乏症：缺碘____________________

缺铁____________________

缺钙：儿童__________老人__________

巩固训练（2 分钟）

1. 人体内最主要的供能物质是（　　）。

A. 蛋白质　　B. 糖类　　C. 脂肪　　D. 无机盐

2. 儿童缺钙会出现（　　）。

A. 骨痛　　B. 佝偻病

C. 骨质疏松症　　D. 地方甲状腺肿

3. 下列饮食习惯中，不易患坏血病的是（　　）。

A. 生吃新鲜水果　　B. 熟吃新鲜水果

C. 高温烹调新鲜蔬菜　　D. 长期吃窖藏蔬菜

课堂作业（4 分钟）

A 题：

1. 被誉为第七类营养素的是（　　）。

A. 蛋白质　　B. 维生素　　C. 胡萝卜素　　D. 膳食纤维

2. 人体内的备用能源物质是（　　）。

A. 蛋白质　　B 脂肪　　C. 糖类　　D. 维生素

3. 下列各成分中属于糖类的是（　　）。

A. 氨基酸　　B 淀粉　　C. 脂肪酸　　D. 维生素

4. 组成人体细胞的主要成分是（　　）。

A. 水　　B 蛋白质　　C. 有机物　　D. 维生素

B 题：连线题

缺乏	症状
维生素 A	佝偻病
钙	贫血
维生素 B1	骨质疏松症
铁	坏血病
维生素 C	夜盲症
碘	脚气病
维生素 D	地方甲状腺肿，呆小症

【课后反思】

（略）

八年级生物（下）学案

课题：鸟的生殖和发育　　　　　　　　　课型：新授课

主备人：徐亚文　审核人：贺勤　备课时间：2010 年 3 月 7 日

【教学目标】

通过观察、分析，使学生掌握鸡卵的结构与功能。通过观看鸟的发育图片，使学生了解鸟的生殖发育的基本过程。通过观察活动，培养学生的观察、分析和总结能力。培养学生的团队合作精神。使学生增强生物结构与功能相适应的生物学意识。

【重点与难点】

鸡卵的结构特点与功能的适应性。鸟的生殖和发育过程。

【教学方法】

观察法、分析法、引导法、讨论法、归纳法

【课时安排】

1 课时

【教学过程】

自主探究、合作交流（10 分钟）

知识点：（基础知识）

A 题：

阅读课文第 16 ~ 18 页，完成下列内容：通过观察鸡卵的结构，记忆各结构名称；并据图回答下列问题。

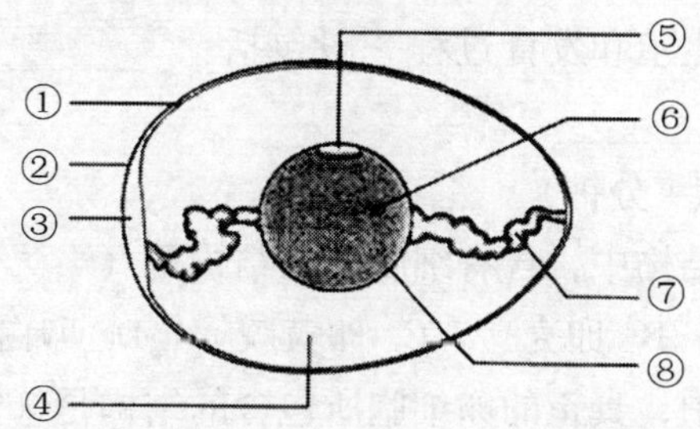

（1）有很多透明的凝胶状物体，此结构的名称为____，序号

为____，它主要为胚胎发育提供__________。

（2）有一个黄色球形的凝状物，此结构的名称为____，序号为____，它主要为胚胎发育提供__________。

（3）“黄色球”上有一个小白点，此结构的名称为____，序号为____，里面有________。

B 题：

卵壳上有许多肉眼看不见的小孔，想一想你可以用什么方法证明其存在？

师生互动、精讲点拨（20 分钟）

1. 鸡卵各结构的功能：

（1）上图序号⑦的名称是____，其作用是__________。

（2）上图序号①②⑧的名称分别是______________，其作用是________。

2. 如何运用理论知识或实践经验判断一鸟卵已受精？

3. 鸟的生殖和发育过程：

知识梳理

1. 鸟卵的各结构名称及其功能：详见课本 17 页图及学案课堂作业 B 组题。

2. 鸟类的生殖和发育过程一般包括：______________________________。

课堂训练（4 分钟）

1. 在鸟卵结构中，含有细胞核的结构是（　　）。

A. 胚盘　B. 卵壳　C. 卵黄膜　D. 卵白

2. 在鸡卵中，真正的卵细胞所包含的结构是（　　）。

A. 细胞核和卵黄

B. 卵黄和卵白

C. 卵黄、卵白、内层卵壳膜

D. 胚盘、卵黄和紧包在卵黄外面的卵黄膜

3. 鸟的生殖发育要经历多个阶段，对一种鸟来说，亲鸟自身一定会经历的阶段是（　　）。

A. 筑巢　B. 孵卵　C. 育雏　　D. 产卵

课堂作业（4 分钟）

A 题：

1. 鸟的繁殖行为复杂多样，下列属于鸟类繁殖行为的是（　　）。

①织布鸟筑巢　　②小鸡啄米　　③孔雀开屏

④公鸡报晓　　　⑤燕子孵卵　　⑥蜂鸟采食花蜜

A. ①②③　　B. ④⑤⑥　　C. ①③⑤　　D. ②④⑥

2. 鸟的受精卵的发育开始于（　　）。

A. 雌鸟的体内　　　　　　B. 鸟卵产出以后

C. 鸟卵孵化时　　　　　　D. 孵化一段时间后

B 题：

连线题：

卵壳膜

卵黄膜　　　　　　①为胚胎发育主要提供营养物质

卵壳　　　　　　　②进行胚胎发育的部分

卵黄　　　　　　　③为胚胎发育主要提供所需的氧

胚盘　　　　　　　④为胚胎发育提供营养物质和水分

气室　　　　　　　⑤起到保护卵细胞的作用

卵白

【课后反思】

（学生纠错）

【温馨提示】要点：记忆鸟卵的结构特点和功能；鸟的生殖和发育过程。

附录 1：

让课堂成为师生体验生命成长的平台

——东联现代中学初中部新课程改革经验介绍

加强新课程改革是新课程深入推进的迫切需要，是学校重建教学秩序、教师重塑自我、师生重构课堂的需要。我校从 2004 年建校开始就积极进行新课程改革的研究与探索，在上级有关部门的领导与指导下，学校全体教师积极转变观念，始终坚持以现代的教育理论为指导，坚持实施素质教育，在实践中学习，在反思中进步，以饱满的热情和强烈的使命感投入到基础教育新课程改革的实践和探索行列中。

我们认为，新课改的实施绝不能等同于简单的课堂教学模式、教学组织形式的改革，新课改的本质是培养什么人和怎样培养人的问题，目标是促进学生的全面发展。因此，全面落实新课改方案，就是全面实施素质教育。

下面汇报一下我校在教改实验中的一些具体做法：

1. 科学规划、创新开发、大胆实施，在课程开设和课程开发方面，树立了课程改革的鲜明旗帜。

校本课程既是我国教育事业发展的一个重要内容，又是一个学校发展特色教育的重要体现。新课改使学校被赋予了充分的课程自主权，从而使校本课程成为新课程中最活跃的领域之一，在开好统一的国家课程外，学校能自主研发多少门类以及何等水平的校本课程，成为了体现学校特色、衡量办学实力的重要标尺。从建校伊始，我们便开始了校本课程，拓展了中国基础教育育人的新路，校本课程的设置能够使学生在完成必修课学习的同时，参与富有个性特色的校本课程的学习，使学生能够根据兴趣特点和需要去辨别和使用丰富的学习资源，为学生综合素质的发展、个性的张扬、适应未来社会的需要打下宽厚而扎实的基础。学校在校本课程建设上提早着手、超前实施，使学校课堂教学的内容更加丰富、教育教学的效果更加显著。

我们学校以综合性、实践性、主体性、创造性为特征的校本课程发挥了独特的作用。根据我校实际，我们开发了人文素养类、艺术修养类、身心素养类、科学素养类、生活技能类、信息技术类和学科竞赛类七大类近三十门选修校本课程。我们的目的是通过校本课程的开发，培养一批复合型、科研型的教师；通过培养学生的兴趣爱好来发展学生的个性特长，提高学生自主学习、自我完善的能力；拓展学生的知识领域，培养创新精神和实践能力；培养学生的团结合作意识，提高学生的思想品德修养和审美能力，陶冶情操、增进身心健康，使学生热爱生活，适应社会。

我校根据校本课程的设置，把校本课程纳入课程表中，学校课程分必修类和选修类。必修类课分大小课，每天两节小课，现在开设的是经典诵读课和写字课，每周每班安排1大课时的必修校本课《国学基础》，每天安排3~4门选修课，目前开设的有摄影课、武术课、舞蹈课、形体课、国学课、乒乓球课、书法课、奥赛课、管乐课、声乐课、器乐课、体操课、国画课、油画课、科技创新课等二十多门选修课。同时还经常举办各类体操比赛、书画讲座、文学讲座、诗歌朗诵、征文比赛、书画比赛、手工制作比赛等活动。

为了满足全体学生的多样化发展需求，除了有形的课程，更需要为学生提供选择性强的活动组织、活动课程和活动辅助资源。为此，成立了“非凡画室”、“校园广播电视台”、“学生记者团”、“精武社”、“国学社”等近二十个学生社团，我们还特别组织了社会实践、社会大讲堂、学生论坛、团队拓展等活动性课程，让学生能够直面社会问题，直接参与社会建设，在社会这个大课堂中学习成长，点燃了学生强烈的社会责任感。老师们通过直接承担校木课程的策划设计、组织实施，考核评价、总结反思、成果展示等工作，提升了他们驾驭学科教学的能力、校本研究的能力和学科综合拓展的能力。学生通过参与开发和学习校本课程，学生的主体参与意识、综合实践能力、合作协调能力等都得到了全面的培养和提升，激发了学生勇于创造、追求完美、品味成功的意识，引导学生自主追求高质量高品位的人生规划和发展，这也是我们积极开设和完善校本课程的不懈追求。

本学期，我们根据校本课程开设的情况，学校又提出3个“百分百”和3个“50”的目标，下一步即将实施。即百分之百的学生至少参加一门选修课；百分之百的学生根据自身兴趣和特长参与一个社团的活动；百分之百的学科教研组至少开设一门本学科的拓展性课程，供学生选修。在初中3年内，每个学生观看50部有教育意义的电影；精读或泛读50本课外书籍；聆听由专家、教师和学生主讲的具有专业水准的讲座或组织的主题活动50场次。开阔师生视野，提升师生境界，丰富学校校本课程资源。让更多的学生真正成为“有学识、有见地、有视野”的优秀拔尖人才。真正实现让全体东联学生都得到充分发展的目标。

2. 抓住中心、聚焦课堂，不断深入进行提高课堂教学的有效性的探索，开创了课堂教学的良好局面。

较长时期以来，初中教育承受了较大的办学压力，戴着应试教育的镣铐，跳着素质教育的舞蹈，初中教育确实有些尴尬。初中教育在整个基础教育中承担着“承上启下”的作用，上承小学，下启高中。与小学相比，初中一方面同样承载着义务教育的任务，要面向全体学生，促进学生全面发展；另一方面初中又是整个义务教育的收尾阶段，需要面对中考与升学的竞争压力；初中教育是面对特定年龄阶段学生的教育，具有一定的特殊性。虽然各个学校都在抓学习，但关键是如何去抓。是靠加班加点，还是靠提高课堂效率、“低负高效”的方式来提高学生成绩？要提高初中教育的教学质量，促进每一个学生的可持续发展，初中教育必须走“轻负担、高效率”的内涵发展之路。

新课改理念的三维目标要求教师在教学中要体现由认知向能力、情感与价值观转变与扩展，而不是把对知识的认知当作教育的终极目标。在注重引导学生在认知的切身体验中去学习新知识，掌握新技能与重视课本知识的同时，引导学生面向同学、面向校园、面向自然、面向家庭、面向社会、面向世界和未来，充分感悟多姿多彩的大千世界，丰富学生的情感和精神世界，让学生在学习的过程中会学习，树立正确的世界观。

但怎样才能把理念落到实处？学校通过讨论、论证决定创立适应当前素质教育要求的教学模式，用模式来“逼迫”部分老师改变传统教学方式。那么，创立怎样的模式呢？校领导亲自带领骨干教师到“洋思中学”、“东庐中学”、“杜朗口中学”、“衡水中学”等名校学习教改先进经验，学习后，从领导到教师都对名校的先进做法进行了反思，最后大家形成了共识——“先学后教，面向全体”，课堂教学一切以学生为本，教师的活动都是为学生的学服务的。

我们的想法是一定要坚持“以学定教”，建立“生本课堂”。所谓“生本课堂”，就是以学生发展为本，实现学生主动学习、自主发展的课堂。生本课堂是为了学生、基于学生、通过学生来发展学生的课堂。构建生本课堂，需要通过一系列教学行动策略，把“以生为本”的理念落实到课堂教学行为上，并且上升或提炼为教学规范，成为普遍的教学常态。但是，像邯郸学步似的照搬名校模式肯定行不通。为此，我们决定由骨干教师组成课堂教学改革小组，根据学校的教学实际，创立了具有东联初级中学特色的课堂教学模式——五过程学案式主体探索教学模式，即在课堂上要合理呈现“自主探究——合作交流——师生互动——精讲点拔——巩固训练”五个学习过程。

传统课堂效能低下，主要表现在：教学目标模糊、教学方法陈旧、教学过程单一、学生学习被动等方面。我们的模式强调的是突出学生在学习中的主体地位和方法意识，变“讲授知识”为“主动探求问题的思维方式”，突出学生学习过程和方式，注重建构知识的意义，减少教师讲授。同时把课堂还给学生，使教学过程真正成为学生参与、自主探究、展示提升的过程。我们创建的这种模式由“自主探究——合作交流——师生互动——精讲点拨——巩固训练”五大模块构成。在课前，教师根据当堂学习目标及学习内容设计学案，精心设计出导学思考题或活动方案，上课时学生在学案和教师的引导下，独立、紧张、高效地完成自学任务。然后学生在组内交流自读、自学、自研、自悟的成果，向全班展示本组的学习成果或讨论的结果，教师进行精讲点拨、师生互动交流，这是生生、师生、组组互动合作的集中体现，是思维的碰撞、情感的迸发、才智的展现，充分发挥学生的主体作用，调动其主观能动性，激发其参与欲望、竞争意识。教师尽可能地为学生的互动展示提供平台，创设氛围，发挥追问诱导、调控服务、精讲点拨、目标引领等作用，扮演的是支持者、辅助者与合作者的角色。最后是课堂反馈，教师根据教学目标设计当堂达标训练题，检查学生当堂目标完成情况。训练题设计要瞄准训练目标，着眼于知能转化，保证教学质量检测的信度和效度。

教学有模，但无定模，贵在得模。经过三年来的实验，我们感到：老师们的教育理念在发生变化，教育教学评价在发生变化，教师“教”的行为在变化，学生“学”的方式也在变化。我校的这套教学模式，既符合新课程所倡导的理念，又具有鲜明的个性特色，这主要表现在：一方面学生的课堂学习活动始终是在教师主导下紧张而有序高效地进行，合理安排学、教、练，积极引导，提高课堂教学效率，坚持“教师为主导、学生为主体、训练为主线”的原则。另一方面彻底打破了传统课堂由教师一人或个别精英学生唱独角戏的格局，由封闭走向开放，由沉闷呆板变为充满生机和活力。

3. 以提高教育教学质量为目标，以校本教研为主要形式，以教育实践为肥沃土壤，以课题研究为主要载体，全方位推进新课程改革。

学校的教科研工作，不管对教师个体还是对一个学校的可持续发展，都是十分重要的。学校在宏观上，确立了四大课题，“运用《弟子规》及中国传统文化对学生进行德行教育”、“五过程学案式主体探索教学模式”、“校本课程的开发与实践”、“学校文化管理”等，这四项大课题都被申请列入国家级教育科研课题，目前老师们围绕这四大课题进行一系列的子课题研究，使学校的一切工作都在课题统领下进行，工作就是课题，工作就是研究，让学校所有工作都在研究的状态下进行，以创新的精神开展工作，提升学校的办学品位，让学校有特色、上水平、见实效。

如何引导教师“在工作中研究，在研究状态下工作”是学校管理者亟须解决的问题。我们学校提出了“教学研究：从教育教学的小专题开始”的观点。即，注重从教育教学中的“小问题、小现象、小策略”的小专题入手进行研究。首先，要求每位领导做课题研究的引领者，必须承担一项课题，带好一个课题组。课题研究实行目标责任制，务求课题研究取得实效；其次，每位骨干教师必须参与一项课题研究，并有专门的阶段总结、成果汇报；第三，学校提倡每位教师根据本学科特点与本人实际，参与一项课题研究；要求全体教师每学年进行一个小课题的研究，并将它列入教师校本培训和教研中的一项重要考核内容，要求教师的“小专题研究”要做好三结合：将专题研究与学生现阶段发展中急需解决的问题结合起来，与自己急需解决的教学问题结合，与课堂教学紧密结合。教师通过“小专题研究”，学到研究问题的方法，养成反思教学的习惯，获得解决困惑的策略。在我们看来，促进教师思维方式的转变，是“小专题研究”的核心价值所在。课题的开发与确立，是课题研究得以开展的关键，“问题即课题”，教师参与课

题研究的目的就在于为教学实践服务，通过研究解决实际工作中遇到的问题，不断提高课堂教学的实效性。在课题的开发和确立中，我们始终遵循“课题从问题入手，研究从需要开始，实验从课堂开始”，将“问题诊断——理论引领——课堂实践——案例分析——同伴互助——个人反思”这一系列化研究模式引进课题研究中。

课题研究的生命在于一线教师鲜活的教学实践，对大多数教师而言，课题研究不是去构建某个理论和方法，而是让教育理论指导自身的实践，解决自身教育教学过程中出现的问题，促进教师不断改变那些非理性的和无意识的教学常态，使自己的经验变得更可靠、更理性一些，以促进自身专业成长。在课题的引领下，很多教师都走上了教育教学研究之路，全校教师的专业化水平得到逐步提高，做“研究型教师”正在成为主流追求。近两年通过“小专题”的研究，教师们完成了四百多篇教育科研论文，我校出版了《用实践为新课改求解》等两本教师论文集，有一百三十多篇论文在区级以上期刊发表或获奖。

课题实验提升了学校的办学品位，促进了学校的内涵发展，促进了教师的专业成长。苏霍姆林斯基说：“如果你想让教师的劳动能够给教师带来快乐，使天天上课不至于变成一种单调乏味的义务，那你就应当引导每位教师走上教学研究这条幸福的道路。”经过几年潜心研究、锤炼，一批科研型的骨干教师正在涌现，初步实现了教师在研究中成长、在研究中提高的目的。如今，学校研究气氛浓厚，大家都积极参与课题研究，课堂教学不断有新的突破，减轻了负担，提高了质量，促进了学生的全面发展。“轻负担、高质量”一直是我们学校的追求，在课题研究中“负担降下来，学生动起来，质量提上去”正在变为现实。

4. 倡导大智大爱的“言传身教、启智善导”教风，加强专业引领，深化校本培训，打造了优秀的教师队伍，为实施新课程改革

提供了优质人力资源。

当前夸大教育实践经验而忽视教育理论的观念，在许多中老年教师中普遍存在，他们教学经验丰富，找不到教育实践中的新鲜感，于是不遵从教育学的思想，教育经验退化为盲目的惯例，或者被空泛的或散乱的思想所控制，缺乏自己的教育思想和见解。如果教师不重视发展自己的思想，没有扎实广博的知识来理解和诠释教育历程中包括心理、社会、哲学、历史、文化等的许多相关因素，这将非常不利于教师的发展，同时也不利于促进学生的发展。我们提出了“立足本校，自我造血，打造名师”的教师管理和培训思路。为此我校特别成立了东联教师专业发展学校，目的是立足本校，发挥本校名师资源，实施个性化的教师培训，构建校本教研新模式，引领教师专业成长，增强学校的“造血”功能，全面造就一支高素质的教师队伍。教师专业发展学校主要通过理论学习、经验交流与自学研讨、教学实践、经验总结、成果展示等形式进行定期系统的“合作学习、合作发展”，着力于更新教师教育理念，提高教师师德修养、钻研能力，增强教师科研意识和团队意识，促进教师个性化发展和素质提高。

教师专业发展的载体应该是课堂，我校教师改变课堂教学模式的实践，以校本研修为另一种课堂，激发和助推了教师的专业发展，催生了一批“校内名师”。尽管一批教师有丰富的教学经验，综合素质好，但在我校必须要实践新的教学模式，在技术层面上掌握这一模式，并将其内化为自觉的常态的教学行为。首先，学期初岗前培训，让他们领会新模式的基本理论与操作要领；其次，学期中大力推进，通过“达标课”、“过关课”、“示范课”、“观摩课”系列竞赛活动，以赛代训，要求教师严格按新模式上课，并按新指标体系评课，学校还坚持实施“青蓝工程”，导师带教、合作教学；再次，在实践中反思、提高，不断审视自己的教学方法，纠正自己的教学行为，在修改、完善、提高的过程中，提升自己的专业水平，形成自己的教学风格，从而与新课程、新课堂一起成长。

随着社会的发展，学习能力已经成为衡量一个人发展能力的重要标准之一。而教师面对日新月异的知识更新，更应将学习作为一种职业习惯和生活必需。学校提出，发展学生必先发展教师，教师的综合素质决定了学生的综合素质，提升教师的科学和人文素养就是提升教师的综合能力，就是提升学校的办学品位。为了尽快提升教师的科学与人文素养，学校成立了教师读书俱乐部，大力推行教师读书计划，组织了师德、人文、亲情、感恩等一系列教师读书活动。用师德类图书提升教师的境界，用人文读本类图书开阔教师的眼界，用亲情类图书丰富教师的情感，用感恩类图书震撼教师的心灵，通过阅读和学习，教师的精神气质不断提升，工作方法不断改进，师生关系也得到了不断改善。

学校利用各种方式倡导先进的学习理念，要求教师在工作中学习，在学习中工作，使校园形成浓厚的学习氛围。伴随着新课改的实施，学校充分认识教科研对学校可持续发展的重要作用，实施了“研训一体化”的教师培训战略，用科研作为教师专业发展的动力，用微型课题带动入门，引导教师积极参与教科研工作，使学校的学习和教研气氛日趋浓厚，也极大地改善了教师的工作状态，促进教师的观念更新和知识结构的完善，提升教育教学能力。

总之，在几年的新课程改革的过程中，有成功的欣喜，也有失败的困惑，未来的教学之路还很长，我们会不断地总结经验，克服不足，在课改进程中充分发挥广大教师的创造性，实现课程改革的新突破。

2009 年 4 月 27 日

附录2：

励志改革创新，共享成功快乐

“五过程学案式主体探索教学模式”课改实验于2009年被中国教育学会“十一五”科研规划重点“名师教学思想与教法研究”总课题组列为重点实验课题。这是东联现代中学领导团队和全体教师共同努力的结果，参与该项课题研究实验的领导、教师有：

学校课改领导小组：

组长　刘月星

副组长　秦智琳

课题开发研究小组：

组长　秦智琳

副组长　王永清　闫森梅　韩宝铭　李桂莲

课题开发研究小组成员：

何占丽　单英明　赵霞　赵赫　杨琪　齐俊玲　田富强　黄强

参与课题研究实验的教师：

语文学科：王永清　单英明　田富强　史桂兰　乔贵敏　张兰云　石靖峰　李秀红　李素贞　屈美玲　高秀英　郭淑芬　王雅琼　蒋伟　何焕英　韩瑞娟　张静　刘艳霞　薛霞

数学学科：李桂莲　王文海　赵宏波　赵敏　贺翠玲　苏文香　杨梅　王玲　王延全　赵霞　南方　王利民　武文丽　王晓兰　段烨　任安翔　杨雪秋

政治学科：杨琪　张春和　辛俊喜　员小春　李凤云　何红艳　赵亚萍

历史学科：杨李　王晓霞　高世和　高小瑞　周博　吕秀廷　王丽娜　王文斌

地理学科：范丽　郑红霞　阿古达木　姚志刚　侯英梅

生物学科：阎森梅　贺勤　徐亚文　田淑杰　秦丽霞

物理学科：赵赫　刘敏　杨荣杰　马海军　马洪波　赵云梅　李顺义　殷海水

化学学科：高福喜　刘东　王瑞芳　范红　姜劲松

英语学科：霍海静　鲁智慧　任红梅　张秀清　贺静　段娟　阎利峰　刘丽　苏珍　高冉　刘瑞玲　徐玉兰　高敏　牛玉梅　王二利　柳洁　曹舒婷　刘霞

这是一个谦逊好学、爱岗敬业的团队，这是一个团结奋进、勇于创新的团队，这也是一个善于钻研、敢于向科研要成绩的团队，这支团队在“五过程学案式主体探索”教学改革实验过程中凸显出良好的个人素质和综合能力，我们相信，在教科研的路上，这支队伍将越走越好，我们的学校也将迎来更为美好的未来！

后 记

轻舟驾长风，扬帆济沧海

这本书从理论思想、方法研究、具体操作、实验过程和实验效果等方面详尽阐述了我校“五过程学案式主体探索教学模式”的新课程改革经验和走过的历程，它凝聚了我校全体教师和领导团队的努力和智慧。我校创建于2004年，最初属企业创办的民办学校，2007年转制为鄂尔多斯市东胜区公办学校。建校初期，教师来自四面八方，年轻教师居多，又适逢新课程改革初期，教师对新课程改革缺乏深刻的认识和理解，课堂教学方法落后，效率较低，学校的教学质量和生存都面临着很大挑战。面对这种情况，学校领导集体经过反复研究，决定从课堂教学改革上寻找突破口，探索一种能切实贯彻体现新课程改革思想的课堂教学模式，用此模式来统一教师的思想认识，用模式“逼迫”教师改变传统的教学方法，把全体教师统一到落实新课程改革的道路上来。

运用怎样的教学模式？如何才能把新课程思想方法落在实处？我们新课程改革领导小组，组织教师认真学习了许多外地的先进课改经验，并多次组织学校领导和骨干教师赴“杨思中学”、“东庐中学”、“杜郎口中学”、“衡水中学”等名校进行考察学习，然后结合本校实际反复研究论证，总结探索出了切合本校实际的“五过程学案式主体探索教学模式”。

“五过程学案式主体探索教学模式”从研究学生课堂学习过程入手，重点强调了课堂教学应合理呈现“自主探究、合作交流、师生互动、精讲点拨、巩固训练”五种基本学习过程，并明确了具体操作方法和步骤。使教师有法可循，统一运用，统一指导，便于落实。它既有一定的规范性，又有适当的灵活性，保证了课堂学习的整体效率。该项课改研究于2005年正式开始在全校各学科展开实验。“子规夜半犹啼血，不信东风唤不回。”五年的实验探索，五年的艰难变革，在学校全体教师领导的共同努力下，我们终于在新课程课堂教学改革的道路上，跨出了可喜的一大步。反思五年来的课改历程，虽然仍有许多需要不断进一步研究完善的地方，但我校的教研教学工作已经发生了以下变化：

1. 教师们树立起全新的教学认识

过去很多教师认为：“教”是教师的责任；“学”是学生的义务。“讲不讲”在教师；“学不学”在学生。学生学不好，怨学生自己不学，责任在学生；只有教师讲不好，才肯承认自己有责任。教与学是两张皮，教师为了尽责满堂讲；而学生在台下学得却很随意。“五过程学案式主体探索教学模式”课改实验使我校教师对教与学有了全新的认识：即“讲不讲在学生，学不学在教师”。“五过程学案式主体探索教学模式”遵循的是新课程“先学后教，以学定教”的教学原则，教师的“讲”是放在组织学生进行充分的自主学习之后，教师详讲什么，略讲什么是由学生的自学情况和提出的问题来决定，所以“讲不讲在学生”；“五过程学案式主体探索教学模式”的学习过程是学生在学案的引导下进行自主、合作、探究式的学习，教师在课堂上更多的时间是组织者，指导学生进行自主学习，教师不仅要对学生进行学习方法的指导，还要精心组织督促全体学生积极参与自主学习过程，学生学不学，会不会学，教师有直接责任，因此“学不学在教师”。教师有了这样的教学认识，在教学方法上随之发生了很大的改变。

2. 课堂上教师教学的关照重点下移

新课程改革要求面向全体，培养学生的良好学习品质，提高全体学生的综合素质。那么，后进生这一群体就应该是关照的重点，能把不爱学习、不会学习的学生培养得爱学习、会学习；把没素质、低素质的学生培养得有素质、高素质，这才是课堂教学的高效率、高境界。而过去的课堂教学在应试教育思想的影响下，教师的关照重点是好学生，而对后进生这一群体在学习内容、方法、习惯以及学习心理、状态等各方面都缺乏整体的研究和关照（客观上，教师在台上满堂讲也无法对这一群体实施重点关照）。

教师的教学方法决定着学生的学习习惯。“五过程学案式主体探索教学模式”使“自主、合作、探究”真正成为课堂的主要学习形式，教师有了充分的时间在台下有针对性地关照后进生这个群体，组织、观察、督促和指导他们在学案的引导下进行自主学习，逐渐培养起他们的良好学习品质，更有利于学生整体素质的提升。

3. “因人施教”的教学原则得以切实落实

事实上，面对不同层次和个性差异的学生群体，传统的讲授式课堂教学是很难真正落实这一教学原则的。“五过程学案式主体探索教学模式”的学案设计针对不同层面的学生把学习内容分出不同梯度，对不同层次学生提出不同的学习要求，教师又有充分的时间在台下进行个别指导，“因人施教”这一教学原则得以切实落实。

4. 学生的合作互助意识增强

一位学者曾说：“今天不再是一个个人奋斗的时代，不再是居里夫妇两人关起门来，拿一口大锅搅来搅去就能搅出伟大发现的时代，当今时代是知识量剧增、各个知识领域相互渗透的时代，是一个合作奋斗的时代。”国家的科学、经济发展需要集体的力量，需要集体成员的合作互助，合作互助的品质是当今社会向学校提出的人才要求。“五过程学案式主体探索教学模式”的学习形式是建立在小组合作学习理论基础之上，学生的学习活动始终都在小组的合作互助中进行，在合作中学会合作，在互助中学会互助，学生的合作互助意识与能力技巧都得到了增强和提高，同时它所形成的民主宽松、团结友爱、相互沟通的学习氛围更增强了每个学生的学习参与意识。

5. 学校形成良好的教科研氛围

通过“五过程学案式主体探索教学模式”的课堂教学改革，

使全体教师的理论学习、集体备课、课堂教学、学情分析、评价考核等一系列教学活动都聚焦到对该项课改实验的不断完善和深入研究中来，形成各学科目标明确、方法一致、形成合力、不断创新的良好教科研氛围。

6. 年轻教师在课改中迅速成长

我校年轻教师占大多数，他们在“五过程学案式主体探索模式”教学改革实验过程中，直接接受新课程教学理念，操作方法步骤具体、容易掌握，研究学习方向明确，评价指导针对性强，在短短几年的课改实践中迅速成长起来。

7. 教育教学质量稳步提高

我校进入“五过程学案式主体探索模式”课堂教学改革实验后，整体教育教学质量稳步提高，已连续三年获得全市中考均分和综合考评第一的好成绩。

8. 形成特色，打造品牌

我校的“五过程学案式主体探索教学模式”新课程改革试验已在本地区起到了示范作用，形成特色。几年来，本地区和周边地区已有近百所学校到我校进行学习考察，该项课改实验已被列为国家级课题研究项目，我校也被评为国家级课改实验学校。几年来，我校已分别召开了区、市、国家级新课程课堂教学改革现场研讨会，我校的课改经验也得到了各级相关部门和专家、领导的充分肯定，学校品牌日益显现。

“长风破浪会有时，直挂云帆济沧海”。实施新课程改革为现代课堂教学的研究与实践开辟了很大的空间，为学校创造了良好的发展时机，我校的“五过程学案式主体探索教学模式”课改经验，只是千万所学校先进课改经验中的一个小小的亮点，这本书仅作为我校落实新课程改革的一次阶段性总结与广大教育同仁进行交流，相互学习，希望我们在新课程改革的道路上携手共进，看得更高，做得更实，走得更远。

韩宝铭
2010 年 4 月